中国组织情境中

员工追随行为诱因的追踪研究

A LONGITUDINAL RESEARCH OF ANTECEDENTS OF STAFFS'
FOLLOWERSHIP BEHAVIORS IN CHINESE ORGANIZATIONAL CONTEXT

许 晟◎著

经济管理出版社
ECONOMY & MANAGEMENT PUBLISHING HOUSE

图书在版编目（CIP）数据

中国组织情境中员工追随行为诱因的追踪研究/许晟著．—北京：经济管理出版社，2018.7

ISBN 978－7－5096－5878－9

Ⅰ.①中…　Ⅱ.①许…　Ⅲ.①企业领导学—研究—中国　Ⅳ.①F279.23

中国版本图书馆 CIP 数据核字(2018)第 153844 号

组稿编辑：杜　菲
责任编辑：杜　菲　杨　帆
责任印制：黄章平
责任校对：董杉珊

出版发行：经济管理出版社
（北京市海淀区北蜂窝 8 号中雅大厦 A 座 11 层　100038）
网　　址：www. E－mp. com. cn
电　　话：（010）51915602
印　　刷：北京玺诚印务有限公司
经　　销：新华书店
开　　本：720mm×1000mm/16
印　　张：16.5
字　　数：215 千字
版　　次：2018 年 10 月第 1 版　　2018 年 10 月第 1 次印刷
书　　号：ISBN 978－7－5096－5878－9
定　　价：68.00 元

前　言

西方学界对追随理论的研究已有近半个世纪的历程，并在追随歧视反思、追随动机、追随者分类、追随者特质、积极追随行为范式、领导者与追随者关系等方面产生了较为丰硕的研究成果。目前西方学界对追随行为的研究主要聚焦在两个方面：一是追随者在无层级组织中的作为；二是追随行为建构领导效能的投入、机制与产出（Carsten et al.，2014）。国内学界对追随行为的研究起步相对较晚，目前还处在传播西方追随理论研究成果和基于中国组织情境下的本土化追随行为的初始研究阶段。追随行为发生的前因及对后果变量的作用是追随理论的完整研究体系。从西方学界的两个研究聚焦点可以看出，国内外学界都非常注重追随行为对后果变量的作用研究，而较少地关注对追随行为发生前因的研究，这样会导致追随理论研究的畸形发展。针对追随理论研究中的这一薄弱点，本书展开对员工追随行为发生前因的系统研究。通过三年多艰苦而又严谨的实践探索，本书已基本完成中国组织情境下追随者与领导者和组织情境能动交互行为的典型特征与测量、领导者与追随者关系的典型特征与测量、个体特征（传统性人格、主动性人格）对追随行为发生的影响、领导特征（授权领导、威权领导）对追随行为发生的影响、组织特征（支持性组织氛围、控制性组织氛围）对追随行为发生的影响，以及基于LMX调节作用下员工追随行为对领导效能的差异作用效应六项研究内容。

本书通篇贯穿以下研究特色。

其一，切换传统的研究视角，主要反映在两个方面：一是切换传统以领导力为自变量、追随行为为因变量的研究视角，而是反向以追随行为为自变量、领导力为因变量，探索追随行为对领导力和组织情境的能动交互作用，突出追随行为对领导效能和组织目标的创造价值。二是探索追随行为概念的内涵结构。现有的做法多从追随者的态度、特质视角进行解读，这种解读结果只能帮助追随者了解有效的追随行为主要是由何种态度和特质构成，对指导追随者如何提高追随行为效率并没有实质性帮助。本书切换了这种传统性的解读角度，而是从追随者与领导和组织情境交互作用的能动性视角，揭示追随行为的内在典型特征。因为人的行为是个体主观能动性如何满足不同的社会实践需要的反映。只有从这种视角解读，才能既提高追随理论对员工多形态追随行为的科学解释力，又能对员工提高追随行为技能具有很强的实用指导价值。

其二，本书的所有内容研究都扎根于多元文化同时并存的本土组织情境中。本土组织正处在传统文化、改革开放创新的时代文化，以及伴随我国对外开放涌入的西方文化相互交织、相互碰撞的特有情境中。这种多元文化相互激荡构成国人复杂而独特的心理结构。在本土集体主义氛围中，上下级高权力距离、群体中高关系导向、组织实施人治控制管理、强调下属忠诚与顺从、个体价值因群体而存在并在群体中体现等传统文化特征作为一种客观存在的潜规则，对国人的思想和行为选择有着深刻的潜在影响；同时，时代文化弘扬终身学习、改革创新、开拓进取、自我实现等新型理念对国人的思想与行为产生强烈的直接影响。因此，考量和分析追随者的行为选择心理，我们决不能只注重或传统文化或时代文化或西方文化的影响，只有从人受多元文化相互影响所形成的复杂心理来综合考量认知，才能得到比较准确的研究结果。以往有些研究只注重传统文化的潜在影响，忽视现代文化的直接影响，本书克服了这种研究偏向。

其三，员工的追随态度与行为是受多种内在与外在因素综合作用影响的，以往对追随行为的影响因素研究，有的研究者从领导特征视角，有的从组织特征视角进行单向研究，很少有研究者从个体特征、领导特征、组织特征的综合视角，系统探讨员工追随行为发生的前因。本书克服了这种研究的不足，从个体特征（传统性人格、主动性人格）、领导特征（授权领导、威权领导）、组织特征（支持性、控制性组织氛围）的研究视角，系统探讨了员工追随行为发生的前因。

其四，为了提高研究结论的可靠性，本书在研究方法上采用的是追踪研究。目前，在追随理论研究中尚未发现有追踪研究的成果公开。本书考虑的是：横截面调查数据的统计结果，只能反映变量之间的相关关系，无法反映变量的变化，而难以体现其间的因果关系。有的追踪研究采用两次调查取样，但把两次样本数据纳入同一统计分析框架，也不能准确反映变量之间的因果关系，其实质仍是一次大样本的统计分析结果，无法反映变量关系变化。因此，本书采用的是两个时间点的两次调查取样和两次统计分析，以观察变量关系变化的追踪研究方式。

本书的理论价值与实践意义如下。

理论价值主要反映在以下方面：一是本书从个体特征、领导特征、组织特征三个层次系统探讨员工追随行为发生的前因成果，对建构完备的追随理论体系、推动本土化追随理论的健全发展具有积极的促进作用。二是本书从追随者与领导者和组织情境交互行为的能动视角，揭示员工追随行为能动性的共性特征和开发量表，可以提高追随理论对组织追随实践中员工多形态追随行为的科学解释力，强化追随理论对组织管理实践的实用价值。三是揭示本土文化情境中领导者与追随者关系的典型特征和开发量表；探讨在不同质的LMX（领导—下属交换理论）调节作用下，员工不同追随行为与领导效能的关系，对本土组织中上下级互惠合作关系的建设，强化领导者的凝聚力与追随者的向心力都具有较强的指导价值。

实践意义主要反映在领导者和追随者两个层面。对于领导层来说，一是本书系统探讨员工追随行为发生前因的成果，可以帮助业界领导者了解员工的积极追随行为是在什么情境下诱发的，指导领导者选择有利于诱发员工积极追随的领导风格和创构能激励员工追随的组织情境，从而获得员工更多更有效的追随行为来实现组织目标。二是探讨本土领导者与追随者关系的典型特征与测量的成果，为组织中上下级关系建设提供一个可参照点，有助于业界领导者准确选择和发展与追随者的互惠合作关系。三是发掘追随者与领导者和组织情境交互行为能动性的共性特征与测量的成果，为业界领导者识别员工的有效追随行为提供一个参照点，有助于领导者提高指导员工追随技能的水平。对于员工层来说，本书探讨追随行为前因的成果，可以帮助业界追随者了解自己的追随行为是在什么情境下发生的；探讨领导者与追随者关系典型特征的成果，可以指导追随者建设和发展与领导的互惠合作关系；探讨追随者与领导者、组织情境交互行为能动性的共性特征成果，对指导业界员工掌握追随技能、提高与领导互动的效率有所帮助。

序　言

自我们于2008年发表《值得研究的管理学前沿：追随问题研究》至今正好10年时。在这10年中，国内有关追随力问题的研究已经由“支流”逐渐转型为“江河”，并且还有不断拓展的空间。许晟博士后即是众多研究者中的一员，也是江西财经大学追随力研究团队的主力成员。他有很高的学术悟性，又非常勤奋、努力，凭借对追随力相关问题的研究，顺利毕业，获得了管理学博士学位，并成功立项了国家自然科学基金项目，现在更是通过专注于“中国组织情境中员工追随行为诱因的追踪研究”，给自己的博士后工作画下了一个完美的句号，并在此基础上成就了一本专著，值得祝贺！在祝贺的同时，我也想展开些许思考，作为此书的序言，一并呈现给读者，以激发更具价值和意义的学术成果。

简单地讲，组织是由上司（也可称为上级、领导、管理者等）与下属（也可称之为下级、部属、员工等）所构成，也可说是由领导者与追随者构成。一个组织不能只有上司没有下属，或只有领导者没有追随者。就上司与领导者、下属与追随者两对概念来讲，有学者认为可作为同义词使用，如凯勒曼（John F. Kellerman）；有的则认为意义并不等同，如夏勒夫（Ira

Chaleff)。为避免讨论过于宽泛，在此只讨论组织中与上司概念对应的领导者和与下属概念对应的追随者，对其他视角的领导与追随则不加分析。基于这样的设定，追随者就可定义为组织中按照领导者意见和指令办事的下属，而那些组织中不按照领导者意见和指令办事的下属则不能被称为追随者。问题是，在组织中，作为领导者的上司如何赢得下属的追随？下属又为什么要去追随上司呢？

对此，我曾经基于领导者的视角就作为领导者的上司如何赢得追随提出了自己的一些看法：领导者要让下属追随，有必要注意这样几个方面。

一是明确一个前提性假设，即领导者与追随者都是理性人。要解决领导者如何赢得追随的问题，明晰这样一个前提性假设是必要的，这是解决我们所提出问题的关键。领导者与追随者都是理性人，都是能够进行概念、判断和推理的人。正因为领导者和追随者是理性人，他们才会思考、会分析、会选择。领导者就不会无原则性地傲视下属的追随或接受下属的任何追随；追随者也不会无原则性地对任何领导者都做出追随的选择。事实上，领导者需要什么样的追随及如何赢得追随、下属对自己是否追随以及怎样追随等，都有着自己的基本判断。

二是领导者需要赢得的追随是有效的、模范的追随。组织为什么一定要有追随者呢？有下属不就可以解决一切问题了吗？答案显然是否定的，因为追随者最为本质的特征是“追随”，而不是“被领导”。从本质上看，将上司与领导者、下属与追随者区分开来是有一定意义的。尽管在一般意义上理解，上司天然是领导者，下属天然是追随者，但这样的理解并没有抓住问题的本质。就下属与追随者而言，下属似乎一定是追随者，但下属的追随有主动追随和被动追随、积极追随与消极追随、意愿追随与强制追随之分。而且，追随者不是一样的，追随者也有着很多的类别。凯勒曼（John F. Kellerman）将追随者分为孤立者（Isolates）、旁观者（Bystanders）、参与者（Participants）、积极者（Activists）、铁杆者（Diehards）五类。追随力连续统一体（The Followership Continuum）理论也指出了下属成为追随者的五个层次，即雇员、有承诺的追随者、主动参与的追随者、有效的追随者和模范的追随者。所以，追随者不同于一般的下属，好的、优秀的追随者不仅是按照领导者意见和指令办事的下属，而且是主动的、积极的特殊下属，是具有创造性的下属。无论是从组织目标还是从领导者自身利益而言，都不能只有下属而没有追随者！显然，领导者所需要的追随并不是下属的一般意义上的追随，他所需要的是对组织、对自己具有积极作用且能够产生优异绩效的追随。从这个层面上讲，领导者如何赢得追随仅仅是一个低级别的命题，高级别的命题应该是领导者如何赢得下属有效的、模范的追随。

三是领导者要充分了解和考量下属选择追随的动机。只要是人，他的活动就必然带有自己的动机和目的，上司如此，下属亦然。就作为下属的追随而言，柯林森（David Collinson）曾列出五种动机，即：遵从领导者在社会中的正式职位而产生的追随；为了达到个体的某种目的而产生的追随；向上司或者领导者寻求安全庇护而产生的追随；由于害怕混乱，需要由上司提供秩序保障而产生追随；通过认同有魅力的、强大的领导以提升自尊而产生的追随。也就是说，下属之所以选择追随，直接的动机和目的就是，选择追随对自己有利（至少没有损害）。领导者要赢得追随，就必须主动地通过各种方式和途径实现：一方面要充分了解、考量和尊重下属的利益，另一方面要让下属知晓选择追随能够实现他们的利益诉求。如果领导者只考虑自身利益或组织绩效，而将下属只是作为实现目的的手段，那么，下属就难以选择追随，或者说难以选择主动的、积极的、富有创造性的追随。

四是领导者要提升自己的概念能力。领导者要通过概念的提出、解说和传播，使下属在思想上对未来有一个美好的向往，能够构建一个良好的预期，相信选择追随就能够实现自己的需求。帕蒂拉（Art Padilla）认为，当追随者与领导者有共同的自我概念、情感附着时，更容易产生追随。领导者要赢得追随，就必须通过自己的思想和行为，让下属主动地选择追随。领导者的思想和行为，直接体现为领导者的概念能力和行为表现。领导者的概念能力主要是指领导者构建、传播概念的能力。领导者通过自己的概念体系赢得下属的追随，即领导者提出的概念体系，如企业使命、愿景、目标以及战略等，在很大程度上能够被下属所理解、认同，能够为下属提供可信服的、可预期性的美丽愿景。作为一个组织的领导者，对自己所在组织的使命、愿景、目标、任务等的理解应该是全面、准确的，而且能够将自己所理解的组织使命、愿景、目标、任务等通过自己的解说或文字传达给组织中的下属，并确保他们能够很好地加以理解和接受。一个好的领导者在很大程度上是一个概念能力强的领导者。不难理解，概念能力强的领导者每一次面向下属的讲话，都有可能使下属热血沸腾、信心满满，进而发挥着持续强化下属选择追随的作用；而概念能力弱的领导者的讲话，则有可能使下属情绪低落、死气沉沉，从而发挥着不断弱化下属选择追随的效果。

五是领导者要优化自己的行为表现。领导要通过与概念一致的实际的行为表现，使下属感受到领导承诺的可信性，提升下属预期实现的可信度，进而不断强化下属的追随选择。领导者的行为表现是指领导者在日常工作甚至日常生活中具体表现出来的、能够为下属所具体感知的行为总体。领导者必须要通过自己的行为表现赢得下属的追随，即领导者在行为上能够严格要求自我，能够很好地将概念转化为行为原则，并能够很好地按照自己所确定的行为原则实施具体的行为。孔茨（James M. Kouzes）和波斯纳（Barry Z. Posner）经过研究发现，追随原因来自领导者的诚实、有远见、能力和号召力。例如，领导者能够很好地将组织制定的组织战略转化为具体的可操作性的战术方案和配套措施，能够将组织制定和提倡的有关制度严格地加以执行，如此就更有可能以自己与概念高度一致的模范行为，极大地激励下属强化选择追随的意愿。反之，当领导者不能将战略加以很好的贯彻，或对制度不能很好地加以模范执行，或当有人不执行但没有得到相应惩处等，下属就难以相信领导者的承诺能够在实际中得到很好的落实，就有可能使下属产生“领导者言行不一”的总体认识，于是有可能在思想上构建不确定性的预期，进而在行为上做出不追随的选择。

那么基于追随者的视角，下属又是怎样成为追随者的呢？换言之，下属又是基于怎样的诱因而产生对其上司的追随行为呢？许晟博士在本文书中基于“中国组织情境下员工追随行为诱因”进行了追踪研究。他主要从个体人格特征（传统性与主动性人格）差异、领导行为风格（授权与威权领导）差异、组织层面特征（支持性与控制性组织氛围）差异等方面进行了追随诱因的实证研究，得出了在理论和实践两方面都具有一定意义和价值的结论。这个研究可谓是与基于领导者视角进行的思考相辅相成，相得益彰。

当然，我们现在所做的研究都只是掀开了宽大帷幕的一角，有关领导与追随、领导者与追随者、领导力与追随力等方面还有许许多多的问题有待我们去做进一步的研究和探索。期待通过持续的系列研究，能够涌现出更多的专家学者，培养出更多的学生，收获更为丰硕的研究成果，进而对组织行为学和人力资源管理等研究领域做出更大的学术贡献！

曹元坤　博士　教授
江西财经大学产业集群与企业发展研究中心
2018 年 6 月 26 日

目 录

第一章　导论

一、研究背景

汉末桃园三结义，文有卧龙凤雏，武有关张赵马黄，刘备方能三分天下有其一。今有阿里巴巴，马云十八罗汉缔造互联网神话。古往今来，追随者支持其领导者创造辉煌事业的事例不胜枚举。长期以来，由于受儒家传统文化的影响，人们多把如何推动企业发展的问题聚焦在领导者身上，只有积极探索什么是以及如何发挥有效的领导行为，才能推动企业实现健康长足的发展。面对与领导者相伴共生的追随者及追随行为却采用歧视、冷漠的态度，对追随者在组织发展中的重大作用视而不见。我们并不否认，领导是决定组织生存命运的关键角色，他们将自己的价值观、意志传播给组织，并主导着组织发展的航程（Hunt，2004）。然而，一个优秀高效的领导力并非仅是领导者个人的智慧与意志，而是由其所率领团队的集体智慧结晶和众多优秀追随者有效的追随力所构成。优秀追随者的群体实践才是造就优秀领导者的沃土，成功的领导者不过只是善于及时总结追随者的集体智慧来丰富和发展自我，以进行科学决策而已（尹文嘉，2010）。正如领导学大师本尼斯所言，“没有伟大的追随者，就没有伟大的领导者”。“追随者正在创造变革并改变着领导者，追随者对领导者的重要性，要大于领导者对追随者的重要性”（Kellerman，2008）。

随着知识与信息经济对传统工业经济的替代和经济的全球化，企业的发展环境发生了巨大变化：①激烈的全球化市场竞争，使企业的生存与未来发展充满难以预测的变数。②人类进入21世纪以来，知识的更新和科学技术日新月异的周期越来越短，知识与科技信息已成为企业最重要的生产力，使组织内劳动者与管理者界限越来越模糊，知识与技术型员工既是知识技术劳动的执行者和创造者，也往往是知识与技术的所有者和管理者。在职位关系上位的上司有可能成为追随者，而身为下属的追随者有可能成为实质性的领导者（DeRue & Ashford，2010）。这种相互转换使许多工作团队内传统意义的领导职能如今只能由多位团队成员共享（Carson et al.，2007），使现代企业的领导者已经很难再拥有绝对的支配权力和威信，追随者团队的重要作用日益凸显。③信息的网络化使领导者与员工信息不对称的距离越来越小，员工不再是只听命于上司的被动、机械执行者。在创新与变革尤为重要的今天，领导的决策越来越依赖于追随者的智力支持和真实信息的及时反馈。传统的以领导者个体为中心的自上而下垂直的科层管理体制已成为制约追随者能动创造和阻碍企业发展的壁垒（Bennis，2000）。相反地，组织更多需要进行集体民主决策，并授权一线员工团队在灵活应对竞争变化和挑战的实践中进行变革和创新（Brown，1996）。④随着人类文明的进步和科学教育事业的大力发展，组织中员工的文化科技等综合素质不断优化和提升，以及个体需求上移，为了实现自我价值，富有时代理念和思想活力的员工越来越多，特别是新生代员工不再默认和接受来自领导者权威的影响制约，他们会自觉或不自觉地抵制领导者的垂直控制，渴望自主地掌握自己的工作、学习、生活和命运，同时也渴望参与到领导过程中，发挥自身的智慧与变革创新作用（朱立言和雷强，2000）。这些发展变化对企业的生存与未来发展提出了严峻挑战，于是人们开始对领导主宰成败观质疑和追随歧视进行反思，使对追随者和追随行为的认识由消极被动向积极主动转变（Kelly，1988）。

二、研究目标

本书主要达成以下六个方面的研究目标。

（一）揭示社会实践对追随行为能动性的内在要求

由于员工个体的先天潜质、后天生存环境以及文化认同的价值取向不同，真实组织情境中员工的追随行为有很大差异。追随行为是追随者与领导者及组织情境交互作用的能动性行为（曹元坤和许晟，2013）。管理学之所以重视对员工追随行为的研究，是因为员工追随行为的能动性对领导活动具有积极的反作用。目前学界对员工追随行为的研究多注重积极追随行为的作用，很少研究追随行为的积极作用来源于追随者的主观能动性，在对实业组织追随实践的长期跟踪观察中不难发现，被动机械地协同领导工作与积极能动地协同领导工作，其效率效果是截然不同的。因而现在有许多研究者开始把对追随行为的研究重心聚焦在员工追随能动性上。可见，能动性是追随行为的本质要素。因此，本书的第一个研究目标就是从社会实践对个体的主观能动性共性要求的视角，通过严格规范的定性和定量分析方法，探索和检验中国组织文化情境下，与领导交互的社会实践对员工追随行为的能动性有何内在要求，并开发相对应的测量工具，为业界追随者和学界管理者更为客观地认识追随行为能动性提供一个基本参照点。

（二）澄清追随者与领导者追随关系的典型特征

追随者与领导者的追随关系并不等同于平常所说的上下级关系，上下级关系既涵盖工作关系，也涵盖工作外的私人交往关系。上下级关系注重下级对上级的尊重、信任和行动上的遵从。追随关系主要是基于领导过程而言，注重追随行为与领导行为的配合与协同，强调下属帮助领导分担工作责任，互惠合作，共同对领导活动有效性负责。那么，追随者与领导者的追随关系具有哪些典型特征？中西方文化差异背景下，追随关系的典型特征又有什么不同？目前国内外学界对这种关系的研究成果还极少有公开。本书立足于中国组织文化情境，探究追随者与领导者追随关系的典型特征结构，开发相对应的测量工具，帮助业界人士和学界研究者准确认知追随关系的内涵，是本书的第二个研究目标。

（三）发掘个体人格特征与其追随行为发生的关系及影响机制

人的行为受自身的思想意识所支配，由于个体的先天潜质、后天成长环境不同，其思想意识中的世界观、人生观、价值观也就各自不同，形成人格禀赋差异的不同个体。本书不作人格特征的宽泛研究，只探讨主动性人格与传统性人格两种截然不同的人格特征，对其追随选择与行为的影响，以及个体动机焦点的调节取向，在人格特征与追随行为关系中起何种作用，是本书第三个研究目标。

（四）探究领导特征差异与员工追随选择的关系及影响机制

追随行为是员工对应领导者的行为。在中国关系导向、权力导向和人治控制管理以及大力倡导改革创新的组织情境中，变革型领导、家长式领导是本土两种普遍而又典型的领导风格。家长式领导具有德行、威权、仁慈三大特征，是比较典型的威权领导。变革型领导注重对员工赋能授权，是比较典型的授权领导。本书主要探讨授权领导（变革型领导）、威权领导（家长式领导）两类不同风格的领导特征是如何通过影响员工的心理授权水平，进而导发员工不同的追随选择及行为机制。因此，探究授权领导和威权领导与员工追随选择的关系及影响机制是本书第四个研究目标。

（五）探索组织氛围差异与员工追随选择的关系及影响机制

人都是在一定的环境中学习、工作和生活。在人治控制管理的本土组织情境中，组织氛围是群体成员对组织特征的综合感知与反应。员工在组织群体氛围中获得的积极或消极的情感体验，都会反映到他们对待领导、对待工作的态度与行为中。不同的组织氛围对员工的追随行为有什么影响，以及通过何种机制影响员工的追随选择与行为表现，学界对此研究也比较有限。因此，探索不同的组织氛围与员工追随行为的关系及影响机制，是本书的第五个研究目标。

（六）检验员工不同追随行为对领导效能的作用效应及机制

在探讨领导、组织和个体三个层面影响员工追随行为差异发生的前因机制的同时，有必要检验员工追随行为对领导效能的作用机制与效应，因为追随行为对领导效能的作用效应是管理学研究追随行为的落脚点。追随行为作为员工基于与领导者互惠合作关系的能动行为，其相互关系的远近、追随者能动性的强弱都会导致对领导效能作用产生差异化效应。因此，检验基于高低 LMX 调节作用下员工追随行为对领导效能（群体绩效、工作满意度、组织承诺、组织公民行为）的作用效应及机制，是本书的第六个研究目标。

三、研究价值

本书具有理论、社会和实践三大价值。

（一）理论价值

理论价值表现在以下三个方面：①本书立足于中国组织文化情境，从员工追随行为与领导者和组织情境交互作用的能动角度，揭示与领导交互对追随行为能动性的内在要求和开发相对应的测量工具；从领导者与追随者互惠合作角度探索追随关系的典型特征结构，开发相对应的测量工具，同时比较追随关系与上下级关系的差异，以及中西不同文化情境下追随关系的内涵差异，对业界领导者和追随者、对学界的相关研究者从理论上客观认识员工追随行为和追随关系的本质具有一定的帮助。②本书从个体和组织情境两大视角，领导特征、组织情境、个体特征三个层面探索员工追随行为发生的前因及机制，对人们认识员工不同追随行为是在什么条件下发生的具有一定的启示作用。③目前尚未发现国内外学界用追踪实证方式探索员工追随行为的研究成果公开。本书采用追踪实证研究方式，探索员工追随行为发生的前因，在追随理论的研究方法上是一种创新突破。总之，本书从创新视角，运用实证研究技术，多理论综合研究员工追随行为发生的前因及对后果的差异影响机制，可以为丰富和发展当代追随理论做一些基础性工作，对推动具有本土文化特色的追随理论体系深化建设具有积极的效应。

（二）社会价值

社会价值主要反映在以下两个方面：①本书弘扬追随者这类平凡的“小人物”对领导力的能动反作用和对组织发展的重要作用，是对“学而优则仕”传统观念的挑战。通过研究、传播、辐射和实践追随理论，让更多的人认识追随者的价值与重要性，可以润物无声地转变人们歧视、冷漠追随的传统观念，推动年青一代转变择业与职业发展的从业理念。②弘扬追随也就是弘扬和谐的上下级互惠合作关系，弘扬同心同德进取，对提升领导者的凝聚力和追随者的向心力，对逐步形成弘扬追随、弘扬互惠合作的社会文化和组织文化、营造和谐进取的组织氛围、为建设社会主义和谐社会具有积极的推动作用。

（三）实践价值

实践价值主要反映在领导者与追随者两个层面上：①本书从员工追随行为与领导者和组织情境交互作用的能动性视角，揭示社会实践对能动追随行为的内在要求和开发量表，可以帮助业界领导者熟悉和识别员工有效追随行为的内在特征，从而制定能激发员工协同领导工作能动性的管理方略。②本书探讨追随者与领导者之间的追随关系典型特征及开发量表，可以帮助业界领导者客观认识为什么有些追随者会支持信任和默契配合领导的工作，而有些追随者则不能，指导领导者选择和发展更多与自己有相同特征并积极关心领导活动的追随者，齐心协力共谋组织发展。③本书把员工追随行为发生的前因及对后果变量的影响效应与机制作为一个系统进行整体研究，有助于业界领导者了解员工的追随行为是在什么条件下发生的，对领导活动会产生什么作用效应，从而开拓管理视野，针对员工积极主动追随行为激活的需要，改革管理举措，以赢得更多的积极追随者和卓有成效的追随力。④本书弘扬追随与领导并重的管理理念，高扬追随者灵活应对竞争变化与挑战的能动性、创造性，为广大业界追随者在群体中自我人生价值最大化提供了一条切实可行的实现路径。⑤本书针对个体主动性、传统性人格差异，介绍了个体拥有的两套自我行为调节体系，即一套为追求积极目标的促进型行为调节体系，另一套是规避风险的防御型行为调节体系，并通过对动机调节焦点理论的传播和辐射，可以为业界追随者有效进行自我行为调节提供理论知识和技术支持。

四、各章安排

本书共有十章，各章的内容大致安排如下。

第一章主要阐述本项目的研究背景、预期要达到的研究目标和对研究价值的预期，以及构成本书整体逻辑结构的各章内容安排等。

第二章具体包括：①国内外学界对追随行为的研究综述；②领导特征与员工追随行为的研究综述，其中重点评述授权领导、威权领导、领导部属交换关系以及领导效能；③组织特征与员工追随行为的研究综述，其中重点评述支持性、控制性组织氛围、员工的情感状态与追随行为选择的关系；④个体特征与追随行为的关系研究综评，其中重点评述主动性人格、传统性人格、心理授权等与个体追随行为的关系；⑤个体拥有的两套自我行为调节体系，即动机调节焦点理论的研究综述。

第三章具体包括：①本书与前期“追随力对领导效能的作用

机理研究”的关系阐述；②中国组织情境的典型文化特征如何融入本研究；③主要研究内容；④整体研究框架；⑤变量关系；⑥研究思路；⑦测量工具选择；⑧样本采集方式介绍；⑨实证统计方法。

第四章具体包括：①导言；②研究方法与选择说明；③访谈结果的质化研究；④质化结果的实证探索与检验；⑤本书的理论价值与实践意义。

第五章具体包括：①导言；②领导者与追随者关系特征的质化研究；③特征结构的实证探索与检验；④分析与讨论，包括中国企事业单位上下级对应关系的历史演变、典型特征的相关理论支持、典型特征的中国文化情境解读、本书观点与西方相关观点的内涵差异。

第六章具体包括：①导言；②变量假设与研究设计；③研究方法；④横向与纵向实证探索及检验结果；⑤分析与展望。

第七章具体包括：①导言；②变量假设与研究设计；③研究方法；④横向与纵向探索及检验结果；⑤结果的比较分析与展望等内容。

第八章具体包括：①导言；②变量假设与研究设计；③研究方法；④横向与纵向探索及检验结果；⑤研究结果的因果关系分析与展望。

第九章具体包括：①导言；②变量假设与研究设计；③研究方法；④研究结果；⑤因果关系分析与展望等内容。

第十章具体包括：结论汇总、统计汇总、创新亮点、理论价值、实践意义、研究局限、未来展望等内容。

第二章　相关文献综述

一、国内外追随行为研究综述

（一）追随行为研究的缘起

追随（Follow）是组织中个体在群体活动中一种很普通和普遍的行为方式，客观地与领导（Leader）同生共存于人类的社会生活与实践中。在大众的视觉中，领导者和领导力（Leadership）一直受到青睐与重视，而追随者（Follower）和追随力（Followership）却一直被漠视。为什么在大众的视角中会有如此大的反差？当代学界对这些问题进行了深入的研究，其中最大的原因有两个：一是受历史文化的影响。Alcorn（1992）指出：“长期以来，由于文化的影响，形成了我们的思维定式与偏见，做一个领导者而不是追随者。在我们的社会中，追随者这个词表述了一种不令人喜欢的形象。我们把追随者视为消极得像胆小鬼一样的人，他们是缺乏想象力和迟钝的，但是真的如此吗?”其他学者也有类似的认识：“对于追随者这个术语给人一种很不舒服的感觉。”“我们生活在一个崇尚领导力而不喜欢追随力的社会，虽然追随力和领导力这两者是不可分的，但我们不以追随行为为荣，我们蔑视地称追随者为弱者”（Chaleff，2004）。我国几千年传统文化中占主导地位的儒家文化也一直弘扬“学而优则仕”《论语·子张》的观念，推崇人们有了才学就应该求仕途，谋一官半职。只有当了官、有了权，才能做人上人，才能执政为民做大事，才算有出息、有前途。这种传统观念在当今社会中仍然大有市场。对追随歧视的另一个原因是人们一直认为领导比追随更重要。因为“领导是决定组织生存命运的关键角色，他们将自己的价值观、意志传播给组织，并主导这个组织发展的航程”（Hunt，2004）。“当企业追求做得更好时，很少讨论追随行为……更多的注意力放在什么上能使领导者成功，这个企业就成功了。而这种观念却忽视了领导者需要追随者的支持来实现他们的目标的事实”（Meindl，1995）。

随着科技革命的兴起、经济的全球化和信息化时代的到来，组织变得越来越开放，环境的动态性和不确定性使一线员工的重要性越来越突出，于是人们开始对追随者的地位进行反思，对追随者消极被动的认识也转为积极主动。同时，研究者逐渐认识到，“领导和追随实质上是事物的阴和阳，任何一方的缺席都会导致研究整体的缺陷，因而在探讨领导力的未来研究方向时要加强对追随行为的研究”（Bruce，2009）。Chaleff（1995）在《有效追随力》一书中指出：“追随者并不是用魔法召唤般的顺从、软弱和无法超越的形象……我们越快地脱离这种形象，并逐渐形成优秀追随者支持优秀领导者的认识，那么我们就越能充分发挥并检验那些描述我们组织中动态的、自我负责的、协作的关系模型。”因此，Kelley（1992）对追随者做出了他们是“具有才智的、勇气的、强烈道德及责任感行为的人”的高度评价。

追随行为研究源于领导理论研究，并伴随领导理论的发展逐渐进入人们的视野。早在20世纪30年代，领导特质理论（Trait Theory）的诞生，是为了探讨领导者个人必备特质的社会属性，其中领导者应该如何培养自己善于交际和合作，以及提高获得众多支持的能力，就已把追随者作为诸多影响因素中的一个因素来加以考量。随后出现的领导行为理论（Behavior Theory）从关心工作和关心人两个维度来探讨领导者的行为类型。其中关心人维度就是强调领导者要与追随者建立良好的人际合作关系，要关心追随者的所思所求。20世纪70年代，Craen提出了领导—下属交换理论（Leader - Member Exchange，LMX），领导研究进一步将关注的对象从领导者本身扩展到被领导的组织成员身上。该理论的主要观点是：由于领导者的精力、时间和掌握的组织资源有限，会将组织成员区分为圈内成员（In - group Member）与圈外成员（Out - group Member），圈内成员被视为可“信任的助手”，受到领导较多的信任与支持，以及得到更多与工作相关的资源与利益；而圈外成员则被视为“雇佣的帮手”，与领导的关系只能维持在正常的组织规则之内，很少能得到领导信任与关照（Graen，1975）。该理论强调通过双向选择来建立领导者与追随者的互惠合作关系，以及对圈内成员的重点探讨，都为当代追随理论研究提供了启示与借鉴。可见，学界对追随行为理论研究的兴起，一是源于组织发展环境的变化所引发对追随歧视的重新反思，二是源于领导理论研究的发展。

（二）追随者、追随行为和追随力概念

追随者、追随行为、追随力是追随理论的三个核心概念，能否准确解读这三个概念及其相互关系，直接关联着追随理论逻辑结构的严密性、内容的科学性。何谓追随者？《韦氏大学词典》中的释义是：追随者是服务于他人并追随他人的选择与教导的个体。维基百科（2007）的释义是：追随者是为了组织、团队和团队利益默许权利的个体。前者描述的是传统组织中被动下属的形象；后者则从团队视角，描述了追随者与团队的关系。对于下属与追随者是什么关系，在国外学界有两种不同的认识：一种认为两个概念可以作为同义词使用。例如，Kellerman（2008）指出：追随者是与上级相比，拥有较少权力、权威、影响力的下属。另一种认为两个概念根本不同。例如，Chaleff（1995）指出：追随者与下属不是同义词，追随者将自己的全部投入组织愿景和战略目标中，包括追随者的身体、思维、灵魂和精神；而下属则是一种受制于上司的、机械的、肉体的投入。以上两种词典与两位学者截然不同的解读说明学界对追随者与下属两个概念的内涵与关系尚未厘清。本书认为，追随者与下属并非两类不同行为的主体概念，而是同一主体的两个方面。下属是追随者的职位身份；追随者是下属的行为角色，两者统一在同一主体身上。这两个概念同时构建了被领导者与领导者的两种关系：一是基于组织职位分工不同所形成的上下级关系；二是基于双方目标、价值观、情感和诉求是否趋同而生成的人际关系。下属对接的是职位关系，追

随者对接的是人际关系。职位关系不会随着下属的主观意愿而改变，因而具有客观性、稳定性特征。人际关系则是追随双方感受趋同、意愿相吸而形成的主观关系，具有动态性、可塑性特征（许晟和曹元坤，2012）。因此，把追随者与下属混为一谈或相对立的观念，极易误导人们对追随者与下属两个概念的正确认知与解读。明确了追随者与下属的关系后，本书通过整合西方众多研究者的文献观点，结合对本土企业中追随实践的多次追踪考察，发现企业中确实存在积极追随领导呈常态和消极接受领导呈常态的两类追随者，其中积极追随领导呈常态的追随者大多具有：善于感知领导者的所思所求，主动达成与领导者的彼此和谐；能够为所感知的共同目标而积极进取，主动支持领导决策，能动执行领导指令，并创造性地做好各项工作；他们通过及时反馈真实信息、提出合理化建议、加强相互沟通来影响领导者。消极追随领导的下属则很少体现这些行为特征。为此，曹元坤和许晟（2013）对追随者做出释义：追随者是指在领导力的影响下，主动履行与组织目标相关的责任与义务，积极自下而上对领导者施以潜在影响的行为个体。

"追随行为"在我国《现代汉语辞海》中仅解释为一种"跟进行为"。《韦氏大学词典》的释义是指接受权威指导指令而行动的行为。根据对国外学者的大量研究文献观点整理，不难发现，追随行为主要有以下特征：①追随行为是追随者与领导者共享同一目标的行为。Chaleff（1995）研究证实："追随者与领导者互惠合作，共享同一目标，是因为相信组织能够发展，组织和领导都会成功。"②追随行为是追随者以领导者为中心的行为。Carsten（2007）明确划出了追随行为的内涵与边界，"追随行为是针对领导者而言的”“是帮助领导者承担工作责任的行为，是与领导者有效沟通的行为，是协助领导解决和处理问题的行为”。③追随行为是追随者的一种能动选择性行为。这种能动性主要体现在三个方面，即能动选择归属类别、能动选择对应互动行为、能动灵活创新。以能动选择为切入点来支持和挑战领导者的工作是追随行为的一个基本特征。④追随行为是一种人际导向的对应互动行为。领导者的凝聚力和影响力是诱发追随行为的直接因素。正如Jehn和Bezrukova（2003）所指出的：“追随是一种人员导向的行为，这种行为建立了领导者和追随者之间的关系，从而为领导和追随者锁定一个共同目标提供了环境”。人际导向、共同目标、双向互动构成了传统组织中所无法具有的领导者与追随者平等互惠的合作关系。所以，许晟和曹元坤（2012）对追随行为做出如下释义：追随行为是指追随者在领导力的影响下，以组织目标为导向，能动地对领导力和组织情境做出反应的行为及过程。

追随力是研究追随行为的出发点和落脚点。目前，西方学界对追随力的释义主要有四种。Kellerman（2008）从关系学角度对追随力的释义是：指上下级之间的关系以及下属对上司的行为反应。Chaleff（1995）从行为的精神角度对追随力进行定义：指追随者承担责任的勇气、服务的勇气、挑战的勇气、变革的勇气和离开的勇气。Bjugstad等（2006）从能力视角进行追随力定义：指有效执行领导指令，支持领导工作的能力，其目标是达成组织目标的最大化。Jehn和Bezrukova（2003）则从行为和关系的综合角度来解读追随力，指一种人员导向的行为，这种行为建立了领导者与追随者之间的关系，从而为领导者和追随者锁定一个共同目标提供了环境。从上述定义可以看出，研究者或从关系或从精神或从能力视角来解读，都很难揭示追随力概念的本质内涵。国内学者曹元坤（2010）指出：追随力是追随行为与领导力、组织情境相互作用的函数。西方学者 Depree（1992）明确指出：追随力的效率取决于追随行为与领导力、组织情境相互作用的水平。本书认同这两位学者的观点，并对追随力的理解是追随者追随领导者工作，与领导力和工作情境能动交互的多维特质与行为，也是追随行为所释放对领导效能产生影响的作用力。

追随者、追随行为、追随力三概念架构了追随理论。其中，追随者是履行支持和挑战领导者工作，为实现组织目标和自我价值积极进取的行为主体；追随行为是追随者与领导者双向互动的形式与过程，是基于双方人际关系的一种工作状态，也是承载、释放追随力的行为载体与外在表现；追随力是追随者在一定人际关系导向下，支配自身态度、情感、能力等特质，在与领导力、组织情境的相互作用中，产生作用于领导力和组织绩效的行为能量，是追随行为的内在价值。追随行为与追随力是形式与内容的关系。追随者与追随行为、追随力是行为主体、行为形态和行为内涵价值的辩证关系。

（三）领导者与追随者的关系

追随行为是一种以人际关系为纽带的上下级互动关系。那么领导者与追随者应该建立什么样的关系才能更有效地互动并为组织做出更大贡献？西方学界经历了家长与孩子、教师与学生、夫妻三种关系的认识渐进过程（曹元坤，2008）。Hollander（1992）认为，在领导严密指导下，领导者与追随者的关系是一个封闭的系统，起初认为他们是家长与孩子的关系，追随者相对来说是无知的、无法做出选择的。Fairfield（2007）通过对美军官兵关系的观察，从而把领导者与追随者的关系描述为教师和学生的关系。“老师鼓励课堂讨论，引起学生的观点，学生通过提供自己的想法在课堂互动，其结果是师生都各自得到提高”。他用同样的原理分析领导与追随者的关系，“好的领导积极向追随者寻求意见与反馈，好的追随者及时反馈信息和意见给领导，结果是领导者、追随者和组织三方都受益”。Stech（2002）则认为：“领导者与追随者就像丈夫和妻子，彼此既相互给予和舍弃，又相互尊重和信任，同时还有共同的方向。”三种比喻中夫妻关系更突出了领导者与追随者的地位平等、目标一致、利益相联的关系特征。上述西方学者对领导者和追随者关系的比喻论述只是思辨性观点，都没有明确揭示两者关系究竟有哪些共性特征。通过广泛搜索西方学界的研究文献，本书发现有目标共享、互惠互利、自我概念相似、彼此情感附着、支持与挑战领导者工作 5 个相关观点。这些观点分别散落在不同内容的研究文献中，而且并没有通过实证检验，缺乏可信度。从严格意义上来说，这 5 个观点只是它们对追随关系建设的倡导性要求，并不等同于追随关系特征。由于追随关系是追随理论的研究基础，必须有实质性和针对性的突破，因此，本研究将把它作为一个命题，并进行深入探讨。

（四）追随动机

追随者的追随行为是由什么前因导致发生，西方学界只有少数学者对追随动机进行了研究。Collinson（2006）采用后结构主义分析，得出五种类型的追随动机，即对领导者在社会上的正式职位的尊崇而产生的追随，为了达到个体的某种目的而产生的追随，向上级或领导寻求安全庇护而产生的追随，由于害怕混乱、需要上级提供秩序保障而产生的追随，通过认同有魅力的、强大的领导以提升自信自尊而产生的追随。虽然是五种不同类型的追随动机，但都体现着个体的利益诉求，只是不同个体在不同情境下有不同的需要而已。所以，Kellerman（2008）在其《追随力：追随者如何创造变革并改变着领导者》一书中首先一针见血地指出："追随者之所以追随领导者，甚至追随糟糕的领导者，主要是出于个体利益和群体利益需要考虑。"追随行为发生的前因与追随行为对后果变量的影响，是追随理论系统的两大构成部分。目前，国内外学界对追随行为如何影响后果变量的研究成果颇为丰硕，但对追随行为发生的前因研究非常缺乏，使追随理论研究畸形发展。本书以追随行为的发生前因为中心展开系统性探讨，主旨就是推动追随理论体系的健全发展。

（五）追随行为范式

对组织中的追随行为研究，西方学界的研究者主要是通过对追随者分类后再选择其中积极主动的有效追随行为特征作为范式来加以研究。根据已有的公开文献，西方研究者从不同角度，把追随者区分为多种类型。例如，Zaleznik（2007）从控制与行动水平，把追随者区分为冲动型、强制型、受虐型、退缩型四类。Kelley（1992）从独立思考和依赖两维度，把追随者区分为落落不群者、被动者、墨守成规者、主动有效者、实用主义者五类。Chaleff（1995）从支持领导程度视角，将追随者区分为执行者、合伙者、个人主义者和盲从者四类。Kellerman（2008）根据参与组织活动水平，把追随者区分为孤立者、旁观者、参与者、积极分子、死党五类。在进行追随者分类研究中，许多学者基于社会交换理论、归因理论和小群体理论，对积极主动的有效追随行为特征进行了深入探讨，提出了与传统不同的追随行为范式，如表2－1所示。

表2－1 积极主动的有效追随行为范式特征

提出者	追随行为特征
Kelley（1992）	有效追随者（Effective Followers）：自我管理能力，追求更高的目标，自我成长，增强自己的优势，具有创新精神
Chaleff（1995）	勇敢追随者（Courageous Followers）：承担责任的勇气，服务的勇气，挑战的勇气，参与变革的勇气，采取道德行为（离开）的勇气
Banutu（2004）	模范追随者（Exemplary Followers）：独立，批判性思维，敢于提出和接受他人的建设性意见，创造性思维和变革意识，积极参与决策
Carsten（2007）	主动追随者（Proactive Followers）：敢于承担责任，反对盲从，敢对领导的决策提出异议，按自己认为最好的方式解决问题，行为更像领导者
Martin（2007）	有效追随者（Effective Followers）：智慧，独立思考，自力更生，可靠

西方之所以以积极主动的有效追随行为为范式进行研究，是因为只有积极主动的有效追随行为才具有对领导力的反作用功能，才会对领导效能和工作绩效产生积极的正向影响，才有研究价值。

（六）追随行为的测量

对追随行为的测量，西方仅有少数研究者做了一些初步的探讨。例如，Kelley（1992）从积极参与和主动思考两维度建构追随问卷，主要适用于对追随者分类。Dixon和Westbrook（2003）开发了 TFP 问卷，对 Chaleff 提出的 5 种勇气进行测量，其目的是证明组织所有层级中都存在着追随行为（原涛和凌文辁，2010）。最早进行追随力测量研究的学者是 Gilbert 等，他们通过 13 年（1973 ~1986 年）对 200 余家企业管理者的调查，从 939 名中高层管理者的调查反馈资料中提取了反映有效追随力特征的 67 个条目。因素分析显示，这 67 个项目可以较好地承载——与上司良好的伙伴关系、对工作的承诺度、技术胜任力、幽默感、可靠性、与同事的良好关系、发表意见、适当的言行举止 8 个维度来解释追随有效性。通过研究发现，在这 8 个维度得分较高的追随者，上司对他们的绩效评估，以及在实际工作中的劳动效率也会高于其他追随者（王顼，2010）。Gilbert 于 1988 年正式将上述 67 个条目编制为追随有效性的测量问卷（Followership Effectiveness Assessment，FEA），这个问卷从上司角度来研究下属的追随行为，属于领导理论研究的一部分。虽然目前西方学界还未有以追随力为中心的追随行为测量量表，但 Gilbert 和 Albert（1988）提出的“追随效能要具体图式具体考量，主要应从追随者能动地与领导力和组织情境相互作用的能量与价值水平方面加以测量和评价”的观点为我们有效测量追随行为效能指明了操作方向。

（七）国内学界相关追随行为的研究动态

国内学界对追随行为的研究，是在近 10 年开始起步的。虽然起步较晚，但却呈现出百花齐放、百家争鸣的研究热潮。截至 2017 年年底，国内学界的研究进展动态主要反映在以下方面：

一是开展了对追随行为中国文化情境下的内涵结构探讨。曹元坤和许晟（2013）研究证实：追随行为是追随者与领导力和组织情境交互作用多维特质的外在显现。包括进取精神、认知悟性、执行技能、关系技能、相互影响力等特质行为。周文杰、宋继文和李浩澜（2015）将追随力等同追随行为，并把追随力解析为尊敬学习、忠诚奉献、权威维护、意图领会、有效沟通和积极执行6个维度。赵慧军和席燕平（2013）借鉴经典领导行为理论中的“关系—绩效”视角，把追随行为解构为绩效维度的沟通合作行为和贯彻执行行为、关系维度的权威挑战行为和信赖服从行为。由于受西方研究范式的影响，国内研究者多以积极主动的有效追随行为为目标，从个体态度、能力、特质等内涵品质方向来解读追随行为的内涵。

二是开展了追随行为对后果变量的作用机制研究。许晟（2013）构建了以领导部属交换为中介，个体与工作匹配、个体与团队匹配为调节变量的追随行为影响领导效能的机制。研究结果证实：追随行为5个维度对领导效能4指标均有直接正向影响效应，通过LMX的部分中介，还有间接正向影响效应。PJ－fit、PG－fit在追随行为与领导效能之间发挥着调节作用。原涛（2010）建构了以内在工作动机为中介变量，个体与主管匹配为调节变量的追随行为影响任务绩效和情境绩效的作用机制。许晟（2016）探讨了授权领导、威权领导对员工追随行为的影响，以及心理授权为中介、LMX为调节变量的作用机制。

三是开展了追随行为的影响因素探讨。许晟（2015）分别探讨了支持型、控制型组织氛围对员工追随行为的影响效应，以及不同组织学、人口学变量下追随行为的差异。罗文豪（2015）分析了不同动机对追随行为的差异影响，并将追随行为解析为4种不同动机导向的行为表现，即自我实现需要导向的内驱式追随行为，敬仰和效仿领导人格品质导向的敬仰式追随行为，屈于领导权威压力导向的顺从式追随行为和维护自身利益安全需要导向的自利式追随行为。李浩澜等（2015）建构了心理授权为中介变量、权力距离为调节变量的变革型领导影响员工追随行为的机制。丁桂凤和姚霞（2015）探讨了追随者对破坏型领导的上行影响等。

四是开展了追随行为与领导力匹配互动的初步研究。陶厚永等（2015）从对偶心理定位视角，探讨领导追随行为互动的动态演化历程。推理匹配显示，“专业能力”和“信任关系”是对偶心理定位的基础，领导和追随者以此为依据对彼此状态进行心理定位后，会产生授权、防御、栽培、威权 4 种领导行为和学习、消极、模范、疏离 4 种追随行为，不同类型的领导—追随者匹配互动的结果差异很大。张军成和凌文辁（2013）开展了悖论视角下的领导者—追随者契合研究。

五是开展了追随行为的多种研究。例如，曹元坤和祝振兵（2015）开展了强制追随行为研究和开展了内隐追随行为研究，这些研究都有真实的组织追随实践基础，使对追随行为的研究呈现多样化，改变了追随理论只注重对积极主动的有效追随行为研究的单一局面，对推动追随理论研究的深入发展具有积极意义。

（八）国内外学界对追随行为研究的薄弱处

目前，国内外学界对追随理论的研究还很缺乏完善性，其中对追随行为的研究存在四大明显薄弱点。

一是追随行为发生的前因及对后果变量的影响是追随理论的完整体系，国内外学界大多注重追随行为对后果变量的投入、机制与产出研究，对追随行为发生的前因研究不够重视，这种研究偏向客观上会驱动追随理论研究的畸形发展。

二是在真实组织的追随实践中，追随者的追随行为并非整齐划一。西方学界虽然把追随者分成多种类型，但很少对多种类型追随行为进行研究，只注重对积极有效追随行为范式的研究。国内学界受西方范式研究取向的影响，也把注意力放在对有效追随行为的研究上。本书并不否认应该对有效追随范式的深入研究，但不能只把研究重心放在一个点上，因为追随行为差异发生及对后果变量的差异影响是客观存在的，我们不能漠视这种差异。如果只注重对有效追随行为的单向研究，就很难解释组织中员工追随行为的多种差异现象，会使追随理论无法贴切组织的追随实践，降低追随理论对组织追随实践的解释力，同时也会阻碍积极有效追随范式研究的深化。

三是对追随与追随力两个概念的内涵与关系尚未厘清。追随与追随力两个概念的组成英文字母相同，有些研究者则认为两者可属同一概念，我们必须正视，中西方文化在语法上是有明显差异的。在中国文化语境下，追随与追随力是两个不同内涵的概念。追随力的“力”字可作两种解读：其一是指能力即追随能力，趋向这种观点的研究者，多从追随者的态度、精神、情感、能力等内在特质的综合角度解读追随力；其二是力度，即追随行为的力度或对后果变量的作用能量。学界之所以重视对追随力的研究，其目标是追求追随行为对领导过程的反作用及对领导效能的贡献，站在这一研究起点与落点上来理解，本书认同追随力即追随行为力度的观点。因为把追随力作为追随能力来解读并不能揭示追随力的本质，也与我们研究追随力的主旨不吻合。追随者的态度、精神、情感、能力只是影响追随行为效率的因素，并不是追随行为的自身功能，与追随效率没有必然的联系。追随者的追随能力能否有效发挥、情感有效表达，会受两大因素制约。其一是情境因素的制约。特质激活理论明确告诉我们：个体态度、精神、情感、能力等内在特质潜藏在生命机体中，只有受到外部环境中线索的启动才会被激活，从而用行动表现出来，没有被激活的特质只能继续保存在生命机体中，而不能发挥作用。其二是受个体主观能动性制约。追随行为是追随者与领导力和组织情境能动交互作用的行为，具有很强的适时适情境要求。从追随者的主观能动性视角来解读追随力，既能体现追随行为与领导行为和组织情境交互作用内在功能的要求，又能使追随力具有可操作性，还可以帮助追随者提高追随技能。然而，目前国内外学界还没有从追随者的主观能动性视角来解读追随力内涵与结果的研究成果公开。

四是追随行为是一种人员导向的行为，领导者与追随者的人际关系是追随理论研究的基础，虽然西方学界对领导者与追随者的关系作了家长与孩子、教师与学生、夫妻三种关系的描述，但并没有揭示二者关系的内涵与结构，也没有分析追随关系与社会上的人际关系和组织中的领导部属交换关系的联系与区别。国内学界也缺乏这方面的研究。领导者与追随者关系内涵结构研究的缺失，在一定程度上会制约追随双向互动行为研究的深入与发展。

针对国内外上述研究的薄弱处，本书从追随者的主观能动视角，揭示追随者与领导力和组织情境交互行为的典型特征，并开发量表；基于中国高权力距离、高关系导向的文化情境，探讨领导者与追随者关系的典型特征和开发量表，比较追随关系与人际关系、交换关系的差异；同时从组织（组织氛围）、领导（授权、威权领导）、个体（主动性人格与传统性人格）三个层面探讨追随行为发生的前因，为建构具有中华文化特征的本土追随理论体系做一些基础性工作。

二、领导理论与追随行为相关研究综述

追随行为是追随者对应领导者的互动行为。追随行为与领导行为是两种相互影响的行为。一方面，领导者的认知态度与角度、行为风格及评价反馈会对追随者的态度、行为产生直接影响，导致追随者的追随方式选择和行为表现差异；另一方面，追随行为又会对领导行为产生强烈的反作用影响，如追随者的认知水平、情绪稳定性、自我效能感、工作满意度和工作动机等会直接影响领导的感知，进而影响领导决策。正如 Blueolorn 和 Jaussi（2008）所指出的："领导决策越来越依赖于追随者的期望、认同态度及积极的反馈。"

（一）领导风格

领导风格（Average Leadership Style）又称领导类型。美国依阿华大学的研究者、著名心理学家勒温和他的同事从 20 世纪 30 年代就开始进行关于团体气氛和领导风格的研究。勒温等通过长期跟踪观察发现，领导风格是领导者在领导活动中所表现出的较为

稳定的个性行为特征。对团队任务的领导过程并不是以同样的行为风格表现他们的领导角色，领导者通常会根据不同的情境及任务特征来使用不同的领导风格，这些不同的领导行为特征对团队成员的工作绩效、组织承诺和工作满意度有着不同的影响（李燚和魏峰，2010）。领导行为风格是领导理论研究的重要内容。目前，领导理论较多研究的领导风格主要有变革型领导、交易型领导、家长式领导、公仆型领导、魅力型领导、独裁式领导、分享式领导、破坏型领导等。相关研究发现，在独裁式领导下，追随者多是被迫强制追随，与领导之间只是一种脆弱的上下级关系，他们之间没有双向互动，只有行政命令与被动执行（Rosenau，2004）。在分享式领导风格下，团队成员之间的互惠互利、相互支持与合作能激发追随者的积极创造性，提高组织水平的产出（Avoli et al.，2009）。魅力型领导会在组织中塑造一种英雄角色，导向追随者崇拜，这种领导风格不会激励追随者的工作绩效提升，但变革型领导鼓励追随者全员参加，通过赋能授权和共享的目标，能够开发追随者的创新潜能（Miller，2007）。可见，领导行为风格是影响员工追随行为的重要前因变量，与追随行为存在一定的因果关系。

（二）变革型领导与家长式领导

领导者个体的先天秉性及对文化认同的差异导致他们的处事行为风格类型各异。在领导理论研究中，许多研究者为了便于探讨不同领导风格类型与员工追随行为的关系，多从授权与威权两种截然不同的角度展开研究。在中国集体主义的组织氛围中，受等级观念、人治控制管理等传统文化的长期影响，具有专权作风的家长式领导是本土极为普遍的领导风格。家长式领导习惯采用专权和人治控制管理方式，要求员工忠诚与顺从，处理组织事务独断，在下属面前威严，当下属工作失误或有违顺从时会严厉呵斥（周浩和龙立荣，2005）。家长式领导是典型的威权领导风格。变革型领导理论来源于西方学界，该理论强调领导者对追随者的赋能授权，关心和满足追随者成长和自我实现的心理需求，是典型的授权领导风格。

樊景立等（2000）认为，由于华人社会在文化、价值观等方面与西方存在巨大差异，我们不能忽视华人领导行为独特而且重要的方面。家长式领导是中国集体主义组织环境下普遍的领导特征，而非仅仅为家族企业所独有。他们通过实证研究，得出中国文化情境下家长式领导的三维结构，即威权领导、德行领导、仁慈领导。郑伯埙、黄美萍和周丽芳（2002）进一步研究了家长式领导三维结构的典型行为特征，并指出威权领导具有专权作风、贬损下属、形象整饰和教诲指导四大典型行为特征；德行领导注重公私分明、以身作则和处事公正等树德行为，以赢得下属信任与尊重；仁慈领导注重施恩行为，关心和热情帮助员工解决生活中的难题，以促使员工产生回报心理。可见，家长式领导相较于变革型领导、交易型领导，是一种更为复合型的领导风格，这与中国组织长期推行人治管理的体制密切相关（程敏，2005）。

变革型领导范式的出现，很多学者将其视为传统领导理论与新领导理论研究的分水岭。Burns（1978）指出：变革型领导是领导者通过较高的理念与道德价值，激发、鼓舞下属的工作动机，使下属能全身心投入工作，进而使下属成为领导成员，而领导者则成为推动改革的原动力，它是领导者与下属之间相互提升到较高需要层次及动机的过程。Bass（1985）通过大量研究后指出：变革型领导通过让员工意识到所承担工作的重要意义，激发员工的高层次需要，营造相互信任的氛围，促使员工为组织利益牺牲自己的利益，实现大大超过原期望的结果。变革型领导改变或转换员工的需求和思维方式，构建企业愿景，并就此与员工沟通，接受下属反馈和建议时，鼓励他们开发自己的潜能，以促进组织创新与变革（Avolio et al.，1999）。Burns（1978）是以 Maslow 的需要层次理论来界定变革型领导概念。他认为变革型领导重视提升下属的内在动机，希望将下属的需要层次提升到自我实现的境界，跨越仅局限于利益的交换，从而超越原来的工作期望，使下属能由“平凡自我”（Everyday Selves）提升到“更佳自我”的层次（吴治国，2008）。Bass 和 Avolio（1996）通过实证研究后，揭示变革型领导的结构有四个维度，即领导魅力（Charisma or Idealized Influence）、感召力（Inspirational Motivation）、智能激发（Intellectual Stimulation）、个性化关怀（Individual Consideration）。由于变革型领导概念及维度是基于西方文化情境构建的，是否适合中国的文化情境，国内研究者李超平和时勘（2005）立足中国文化情境，运用实证方式，揭示中国文化背景下的变革型领导具有德行垂范、领导魅力、愿景激励、个性化关怀四个维度。与 Bass 的四维度相比，两者都有领导魅力个性化关怀、愿景激励，其中本土理论中愿景激励维度涵盖了西方理论中感召力和智能激发两个维度的内涵，而有不同之处是李超平、时勘的研究得到了德行垂范这一具有本土文化特征的维度。

（三）威权领导、授权领导与追随行为

威权领导（家长式领导）对员工的追随行为会产生什么影响，

程敏（2005）专题研究了威权领导四个典型行为特征与员工追随行为的关系。研究发现，威权领导的专权作风严重阻碍了上下级之间的信息沟通，压抑了员工在一线灵活应对竞争变化与挑战的主观能动性；贬损下属则直接伤害下属的自尊心，使下属形成逆反心理而产生消极对抗的反生产行为；威严形象整饰则加大了员工的心理压力而疏离上下级人际关系；勤于教诲指导，强化了员工的思维惰性而使其变得唯唯诺诺，束缚了员工工作的灵活性和创造性。还有一些研究者从三维角度分析探讨了家长式领导与员工追随行为的关系。研究显示，对家长式领导独断专权的威权行为，由于员工得不到尊重与信任而产生消极甚至对抗情绪，领导很难得到员工及时的信息反馈、建言献策以及灵活主动投入工作的积极性。但在中国高权力距离和高关系导向的组织情境中，为了维护自身利益与安全，员工仍会相对维持着与领导的表面和谐，但他们会保存资源，并在行动上表现为消极被动。对家长式领导的仁慈行为，根据互惠规范（Norm of Rceiprocity），员工会持感恩回报心理，但其中有些员工有时会因家长式领导的威权行为如独断专行、贬损下属等有所弱化。对家长式领导的德行行为，有助于弱化员工的心理压力和不满情绪，提高对家长式领导威权行为的承受力（Farh，Zhong & Rgan，2004；吴敏等，2007；李燕萍和涂乙冬，2011）。可见，家长式领导的威权行为，并不能激发员工的积极主动追随行为，而只能强化员工的机械与消极的顺从行为。德行行为、仁慈行为对员工的积极追随行为具有一定的促进作用，但这种促进作用在一定情境下可能会因家长式领导的威权行为有所弱化而难以起主导作用。

授权领导（变革型领导）对员工的追随行为会产生什么影响，

李浩澜、宋继文和周文杰（2015）进行了专题研究，他们基于李超平和时勘（2005）立足中国组织文化情境对变革型领导所作的定义，探讨变革型领导四维结构与员工追随行为的关系。研究发现，变革型领导开明果断、积极进取、富有创造魄力及亲和力等领导魅力，会让员工产生信服与敬佩之情，促使员工产生认同与效仿，对激发员工的进取精神具有推动作用。变革型领导的公私分明、严于律己、以身作则、任人唯贤、处事公正等德行垂范行为，能够赢得追随者的尊重与信任，让追随者产生一种追随这样的领导，自己的利益与发展更有保障的安全感，自己有多大的才能，领导就会给多大的平台，促使追随者努力学习、积极实践，不断进取。变革型领导创设企业愿景和赋能授权的行为，一方面，通过与员工分享诱人的企业愿景，为员工提供富有挑战性的工作和各种必要的组织资源，提高员工对工作意义的认知，推动员工的利益与安全需要向自我价值实现需要层次的递升；另一方面，积极指导员工智力开发、潜能挖掘，并对员工予以授权，使员工在一线灵活应对竞争变化与挑战的能动性、创造性得以充分释放，可以充分提升员工追随领导工作的认知悟性和执行技能。变革型领导关心员工成长与发展，帮助员工解决工作与家庭生活的难题，促使员工安心投入工作等个性化关怀行为，根据互惠规范，会让追随者产生一种“士为知己者死”的心理，消除许多因权力距离所形成的上下级隔阂，有助于双方的相互沟通与信任。出于投桃报李的心理，追随者会在追随领导工作中，及时向领导反馈真实的信息，提供建言献策，支持领导决策和带头执行领导决策。可见，变革型领导四个维度都会对员工的追随行为产生正向影响（Dvir et al.，2002；Waldman，2001；Wang et al.，2005；陈永霞等，2006；刘景江和邹慧敏，2013）。

（四）领导—下属交换

领导—下属交换（Leader - Member Exchange，LMX）是在VDL理论基础上引申出来的一种新型领导理论。Graen和Cashman（1975）指出：在任何一个组织中，各层级的领导和其下属之间都存在着非正式的、比较稳定的社会交换过程。这个社会交换过程主要是通过垂直对子联结（Vertical Dyad Linkage）的模式表现出来，即领导与下属成员所形成的是垂直的、一对一的、互惠式的对应关系。该理论强调领导与下属间的双向选择与互动水平决定着上下级交换关系的质量。其主要观点是：由于时间、精力、环境和组织资源等所限，领导者在工作中要区分不同的下属，采用不同的管理方式，并与不同的下属建立不同质的交换关系。其中，领导会与下属中的一部分人建立相对特殊的关系，这些下属便成为圈内成员（In - group），他们会得到领导较多的信任、关照和享有特权，如工作自主性、授权和更高的报酬与更多的升职机会等。其他下属则被视为圈外成员（Out - group），很少能得到授权、奖励和升职机会，他们与领导的关系只能局限在组织规则的范围内（任孝鹏和王辉，2005）。由于存在圈内与圈外之分，因此领导与下属交换关系出现两种类型：一种是领导与圈外下属基于正式契约所形成的低LMX关系；另一种是领导与圈内下属通过相互信任、相互吸引、相互支持的互动方式建立的高LMX关系。LMX关系的形成是一个随着时间纵向发展的过程，Grean（1995）把这个过程区分为四个阶段：第一阶段是工作的社会化和纵向关系中上下级之间的差异性发展，这一阶段的结果是形成圈内与圈外之分。第二阶段是在工作情境中 LMX 交换质量的改进，促使部分圈外成员向圈内成员转化，并建立与结果变量之间的联系。第三阶段是双方共同建构基于伙伴关系的工作愿景。第四阶段是 LMX 从单纯的二元关系上升至团队水平，形成了团队—成员交换关系（Team - Member Exchange）。LMX 理论比较系统地研究了上下级之间的动态关系，而且独特地采用了上下级之间的成对关系作为分析的焦点，并强调领导—下属之间关系建设与发展的重要性，以及这种关系对态度、行为和工作绩效的影响，为在研究中找到了上下级关系影响领导效能和组织绩效的实证依据（杜红和王重鸣，2002）。

关于 LMX 的结构，国外学者有多种不同的观点。Graen 等学者（1975，1995）认为，如果领导成员交换仅限在工作有关的方面，那么应该是单维的，是对领导成员工作关系好坏的整体反映。角色理论认为，角色是多维度的，因而领导成员交换很难仅限在工作情境中。Dienesoch 和 Liden（1986）认为，LMX 有三个维度，即情感（Affect）、忠诚（Loyalty）和贡献（Contribution）。Liden 和 Maslyn（1988）根据关键事件访谈法，在三个维度基础上，又增加了专业尊敬（Professional Respect）第四个维度。国内研究者刘彧彧等（2010）根据领导成员关系的性质，将 LMX 区分为工作交换（LMX - Contribution）和情感交换（LMX - Affect）。前者是衡量工作相关的交换关系，后者是衡量工作外的情感交换关系。

关于 LMX 的测量，目前主要有两种视角：一是单维视角，广泛采用的是 Grean（1984）编制的 7 条目问卷，主要测量主管与下属之间工作关系的特征；二是多维视角，广泛使用的是 Liden 和 Maslyn（1988）编制的四维 12 个题目的量表。国内研究者王辉和牛雄鹰（2004）为了避免中西文化差异的影响，对 Liden 的多维 LMX 量表进行了修订，建构了中西文化情境下 16 个观测项的多维 LMX 关系量表，经实证探索检验，该量表的信效度均佳，具有一定的本土适用性。

（五）LMX 与员工追随行为

LMX 理论的一个鲜明观点是：LMX 质量来源于领导与下属的双向选择、交往与互动的建设与发展（Erdogan，Kraimer & Liden，2004）。选择、交往和互动正是员工追随行为的表现特征。Liden 等（1997）建构的 LMX 前因后果变量模型，其中前因变量包括领导的个性、下属个性，两者的交互作用以及情境变量。下属的个性特征包括年龄、文化、态度、能力、外向性、向上影响力等因素。这个模型告诉我们：领导的个性特征、下属的个性特征都会对 LMX 质量产生直接影响。Scandura（1999）指出：早期 LMX 关系的质量主要取决于领导与下属各自对双方的工作期望的一致性，彼此对工作期望的一致性较高，对工作绩效有积极的评价与反馈，上下级在个性特征方面有较高的相容性，这些都有助于 LMX 质量的提高。追随理论的观点是：追随行为是追随者对领导者积极的、能动的向上影响行为，这种行为来源于追随者的正直忠诚、积极进取、努力思考与领导利益一致和与之相应的人际技能等特质（Depree，1992）。向上影响行为一般包括恳求上司与下属结盟，主动关心和支持上司，相互关照和逢迎上司等方式，是追随者通过影响上司来获得团队利益与个人利益的行为策略。早期研究表明，追随者娴熟的人际技能对 LMX 的影响甚至比专业能力产生的影响还要大（原涛和凌文辁，2010）。Wayne 和 Ferris（1990）在研究中发现，追随者主动关心上司的逢迎行为会提高上司对下属的喜爱程度，并对 LMX 关系质量产生影响。Deluga 和 Perry（1994）也得出类似的结论：追随者的阿谀奉承行为以及揣摩领导意图、需求的行为与 LMX 质量正相关。

LMX 质量一方面受员工追随行为等前因变量的影响，另一方面又影响着员工的追随行为。已有相关家长式领导的 LMX 与圈内圈外员工追随行为关系的研究显示，在权力导向和关系导向的中国组织情境中，LMX 在其中发挥着重要作用，导向圈内圈外员工对家长式领导行为分别有不同的感知与体验。对家长式领导的威权行为，圈内员工因关系近、沟通多、感情深而从积极视角理解与包容；圈外员工因关系远、沟通少、感情淡而从消极视角认知感受而产生反感与抵触。对家长式领导的仁慈行为，圈内圈外员工都会持回报心理，但圈外员工的回报意愿有时会因家长式领导的粗暴专权行为有所弱化。对家长式领导的德行行为，有助于强化员工对家长式领导威权行为的心理承受力（Farh，Zhong & Rgan，2004；吴敏和黄旭，2004；程敏，2015）。可见，在高低 LMX 的调节作用下，家长式领导对圈内圈外员工的影响存在明显差异，其中圈内员工对家长式领导多表现为积极主动的追随行为，圈外员工则多表现为消极被动或强制追随行为。

对 LMX 与员工工作绩效的关系。Mayfield（1998）研究发现：圈内成员的工作绩效要普遍高于圈外员工工作绩效 20% 左右，工作满意度则要高出 50%，而且这种差异已被各种不同的职务类型证实。究其原因，可以从两个方面解释这一结果：一是圈内成员通常有更多的组织公民行为，乐意承担一些角色外的任务，根据 LMX 理论，他们在完成额外任务时总能得到更多的回报，因而就增强了他们努力工作的内在动机（Hui，Kenneth & Chen，1999）。二是圈内成员由于有充分而又频繁的信息交流，因此能从领导那里得到更多的支持性或解释性的职务信息，同时领导者也能从沟通中获得大量的反馈信息。在分享信息方面，双方都会感到满意，因而也就促进了工作绩效和满意度的提高。相反，圈外员工与领导的交流机会很有限，而且信息传递也比较含糊，常常是通过第三者传递，由于得不到领导及时有效的指导，势必会影响下属的工作结果（Mueller & Lee，2002）。以上三位研究者的探索分析证实，不同质的 LMX 对员工的追随态度、动机和行为及结果的影响是截然不同的，会导致员工不同的态度、行为与追随产出，并影响着员工在组织中的差异化发展（Sparrowe & Liden，2005）。

（六）领导效能理论简述

领导效能是一个宽泛的概念（Lowe et al.，1996），学者对其定义见仁见智。其中比较有影响力的是菲德勒所作的定义，领导效能指一个群体执行其基本分配任务所取得成功的程度。国内研究者王淑红（2010）将领导效能定义为：领导者率领组织团队为实现组织目标而工作的效率与效果。对领导效能的衡量，学术界的观点各异，但目前已获得较多学者认同衡量领导有效性的指标主要有两个方面：绩效（Performance）和员工心理与行为（李超平，2006）。绩效可分为客观绩效（可量化的实绩数据）和主观绩效（组织和群体的认同评价）。员工心理与行为主要指工作满意度、组织承诺、离职意向、组织公民行为等。王震和孙健敏（2012）在一项领导效能元分析中，把员工的态度变量（工作满意度、情感承诺）和行为变量（工作绩效、组织公民行为）作为领导效能的效标，并指出这些效标均是组织管理研究领域的重要变量，被证实与组织产出具有重要影响，并且是领导效能的根本体现。故本书采用工作绩效（Job Performance）、工作满意度（Job Satisfaction）、组织承诺（Organizational Commitment，OC）、组织公民行为（Organizational Citizenship Behavios，OCB）四个变量来考量领导效能。

工作绩效在学术界有多种观点，关键是把工作绩效定义为结果还是行为。其中有代表性的绩效观有四种——结果绩效观、行为绩效观、价值绩效观、行为与结果整合绩效观。结果绩效观认为，绩效是在特定时间内由特定的工作职能或活动所创造的产出（Bemadin，2002）。行为绩效观认为，绩效是与个体所在的组织目标有关联的行为集合（Murphy，1989）。价值绩效观认为，绩效是在某一时间段内许多不同行为属性的总和，是组织对行为的预期价值（Motowidlo，2003）。行为与结果的整合绩效观认为，绩效是行为与结果的综合反应（Armstrong & Baron，1998）。绩效是由结果与行为共同构成的结果不仅与行为有关，而且取决于其他因素，从而行为与结果相关，但又不完全重合（Sonnentag & Frese，2002）。对工作绩效概念维度的划分也有多种观点。Borman 和 Motowidlo（1993）把员工工作绩效划分为任务绩效和周边绩效两个维度。也有学者把工作绩效划分为任务绩效和情境绩效。

工作满意度是衡量领导效能的重要指标。Locke（1982）把工作满意度定义为员工对其工作的情感与认知的综合反应，是员工对其所处工作环境持有的特定主观评价与态度。目前，学界较为普遍地从三个方面来认知和评价工作满意度：一是员工对于工作情境的一种主观情绪反应，这种反应难以用数据衡量，只能观察推断获取。二是经常由结果在多大程度上符合和超出期望来决定，如果员工感觉贡献与回报不对等，就会产生不满意感；如果他们感觉回报与贡献基本对等、是公平的，则会对工作保持积极态度，就会产生满意感。三是几种相关态度的组合来综合估量。Lowe（1996）指出，工作满意度与员工的工作绩效、组织承诺、离职意向、工作投入及组织公民行为密切相关，并提出提升员工工作满意度的基本路径与方法：①使工作变得有趣；②给予公平的薪酬、福利和晋升机会；③从兴趣和技能角度把人和工作相匹配；④给员工工作的灵活性与自主权等。

组织承诺最常见的定义为：①保持一个特定组织的成员身份的一种强烈愿望；②愿意做出较多的努力来代表组织；③对于组织的价值观和目标的认同与坚信。组织承诺是由个体特征（年龄、文化、在组织中的任期或工龄、人生观、价值观以及正性或负性情感、内控与外控等特质）和组织特征（工作设计、组织制度、组织价值观、组织文化、领导风格等）因素决定。组织承诺是一个多维的构念。目前获得学界较多认同的是 Meyer 和 Allen（1991）提出的三维结构：情感承诺（Affective Commitment）指员工对组织的情感依恋、认同与投入程度；持续承诺（Continuance Commitment）指基于员工离开组织可能会受到的损失（如丧失连续企业工龄，晋升机会及关系网络等）的一种承诺，只有继续留任组织才不会造成损失；规范承诺（Normative Commitment）指组织成员受长期形成的社会责任和社会规范的约束，从而为了尽自己的责任而愿意留任在组织中。目前，人们对团队工作、授权和组织扁平结构的关注，高度强调自我激励，这正是人们期望有承诺的员工应该具备的基本特征。基于此，Denison（1996）提出了几条对提高员工组织承诺有帮助的管理方法：①严守和强化员工第一的价值观；②澄清并沟通组织的使命；③建立公平公正的组织管理与评价机制；④营造一种同心同德进取的和谐组织氛围；⑤支持员工的发展和满足员工自我实现的需求。

组织公民行为是组织行为学中非常流行的概念。Bateman 和 Organ（1983）将其定义为："自觉自愿表现出来，未被组织正式的报酬系统直接和明确规定的，能够从整体上提高组织绩效的个体行为。" Organ（1997）把组织公民行为定义为："个体的行为是自主的，并非直接地或外置地由正式的奖惩体系引发，这种行为的不断积累能够增强组织的有效性。" 关于组织公民行为概念维度，不同的学者各抒己见。Organ（1988）提出了利他行为（Altruism）、文明礼貌（Courtesy）、运动员精神（Sportsmanship）、责任意识（Conscientiousness）、公民美德（Civic Virtue）五个维度。Podsakoff 等（2000）通过实证研究，把组织公民行为分为七个维度，即帮助行为、运动员精神、组织忠诚、组织服从、个人首创精神、公民道德及自我发展。Williams 和 Anderson（1991）从性质视角将组织公民行为分为指向个体的对同事有利的组织公民行为（OCB）和指向组织的对组织有利的组织公民行为（OCBO）。这一分类得到较多学者的广泛认同和实践应用。

（七）追随行为与领导效能

关于追随行为与领导效能的关系，从追随理论研究角度，国内外学者主要有下列新观点。Meindl（1995）在本体论、建构主义和社会心理学的基础上，从追随者中心视角（Follower - Centric

Perspectives）提出了领导及其结果都是由追随者建构的观点，认为领导效能受到追随者的认知过程和追随者之间的社会影响过程的影响。Martin（2007）也持有相似的观点，他认为："用领导和追随者的相互影响来定义工作的关联，这种相互影响不是依靠领导的特质而是追随者特质。"因为追随行为是追随者帮助领导者承担责任的行为，是与领导者有效沟通的行为，是协助领导解决和处理问题的行为（Carsten，2007）。大量相关领导者与追随者关系的研究证实：领导者采用何种领导方式取决于对追随者特质的认识。Shamir 和 Howell（1999）的研究结果是：在魅力型领导形成过程中，追随者的自我概念阐释、自我认同导向、归因方式、领导原型和社会吸引力都会对魅力型领导的效能产生影响。Dvir（2002）也通过纵向实证研究和群体水平分析，结论是追随者的自我实现需要、组织价值观内化程度、组织认同、集体主义倾向、任务参与度、独立思考方式、自我效能感等均与变革型领导的效能正相关。Hui（2004）以中国一家大型国有企业员工为样本，调查发现，追随者的认同态度、个人传统性以及心理授权水平，均会直接影响着家长式领导的效能。李超平、孟慧和时勘（2006）在对变革型、交易型领导的研究中发现，追随者的自我实现需求与变革型领导效能高正相关，与交易型领导效能低正相关。

曹元坤和许晟（2013）指出，追随行为的主要职能是支持领导决策和能动执行领导决策。追随行为的构成要素，即进取精神、认知悟性、执行技能、关系技能、向上影响力均是支持领导决策、执行领导决策和创造领导效能的关键特质与能力，缺失这些特质与能力，就无法对领导者产生作用力。他们通过实证统计分析证实：追随行为五个维度对领导效能的四效标既有直接效应（0.64），通过 LMX 部分中介后又有间接效应（0.53），追随行为对 LMX 的影响效应为 0.72；LMX 对领导效能的影响效应为 0.44；其中对任务绩效的影响为 0.38，对工作满意度的影响水平为 0.36；对组织承诺的影响水平为 0.39，对组织公民行为的影响水平为 0.42，均在 $p<0.01$ 的水平上显著。

三、个体特征与追随行为相关研究综述

由于个体先天所遗传的潜质，后天的受教育程度、成长环境，在组织内所担任的工作职责，以及观念与价值取向的不同，个性特质存在明显差异。个体特质对其追随行为有什么影响？通过多方搜索，目前国内外学界极少有这方面的直接研究成果公开。对个体特质与其追随行为的关系，只有极少数国内研究者立足中国组织文化情境，从个体的文化认同差异，以及个体传统性的高低视角来探讨对其行为的影响。这些研究只是掺杂在不同主题的研究文献中，极少有专题研究。

（一）文化认同与个人传统性

人的思想本质是其所认同的文化观念与认知意识。文化认同是指个体对不同的文化观念、意识所持有的赞同态度与取向（陈先达和杨耕，2000）。

个体传统性是指个体系传统文化影响所形成的一套系统化的认知态度、思想观念、价值取向、气质特征及行为意向（杨国枢、余安帮和叶明华，1991）。对个体传统性的典型特征，杨国枢等认为是一种多维度的心理组型（Syndrome），在不同的文化中具有不同的内涵。他们的实证研究显示，华人的个体传统性主要涵盖五个方面：①遵从权威，强调在各种角色关系与社会情境中应遵守、顺从、尊重与信赖权威。②孝亲敬祖，主要强调对父母要孝顺和敬祭祖先。③安分守己，强调个体做人要守本分，与他人无争，少知为妙，不做非分之想，以及逆来顺受、接受现实，少做开拓创新等。④宿命自保，强调少管闲事，不关心与己无关的事情，以避免麻烦和保护自己与家庭，包括自利行为等。⑤男性优越，主要反映一种男性优于或超越女性的态度。

杨国枢（2002）指出，个人旧有的传统性心理与行为并不会因为社会的变迁而消失，而会与适应现代化生活的心理与行为共同并存，形成其独特复杂的心理特征。时代文化与传统文化的根本区别是：传统文化注重“上尊下卑”的等级制度，强调群体中个体各自的角色与义务，弘扬安分守己；时代文化注重个体在群体中的社会价值与创造价值，强调开拓进取和自我实现，弘扬改革创新（吴惠萍和黄家齐，2010）。跨文化研究者指出，华人社会与西方社会最根本的文化差异在于集体主义与个人主义的分野（Triandis，1994；Yang，2003）。西方文化弘扬的是个人利益至上，如西方伦理学家斯宾诺莎的观点是：“一个人越努力并越能寻找他自己的利益或保持他自己的存在，则它越有德性；反之，只要一个人忽略他自己的利益或存在，则他便是软弱无能”（周辅成，1987）。中国文化注重国家、集体、个体利益的有机统一，弘扬个体为国家、集体和长远利益而牺牲个人眼前利益的态度与精神，倡导个体把自己利益建立在国家和组织发展的基础上，建立在为社会、为集体所做的贡献基础上（陆洛和翁克成，2007）。

文化作为一种社会意识与潜规则，就像空气一样，无时无刻不充斥在人们的学习、交往、工作与生活之中，对人的思想与行为产生着深刻的影响。在我国改革开放的大潮中，面对五光十色的商品经济，加之地区、人际之间发展的不平衡，人们对文化认同的选择更加多样化、立体化。认同传统文化的个体，默认上尊下卑的等级制度，养成自觉遵从权威的习惯，压抑自己的主观意识行为，而表现出对权威的依赖性，常在群体中以个体应有的角色义务来思考问题和表现行为，体现出较高的个人传统性。认同时代文化的个体多以自我实现需求为导向，不甘当权威的依附，他们倾向打破常规，开拓思维，创新进取，以实现人生价值的最大化。他们是组织中富有思想活力的独立个体，表现出较低的个人传统性。认同西方个人利益至上文化的个体，实质上是认同我国传统文化中的糟粕（如“人不为己，天诛地灭”观念），他们以自我利益为导向来选择取向和行为，表现出明显的个人主义特征（徐行言，2005）。

（二）文化认同与个体动机焦点调节

个体的精神世界实质就是文化意识的世界，个体认同何种文化，就会把这种文化的观念视为自己的精神灵魂（徐行言，2005）。焦点调节是个体基于所认同的文化，结合特定的情境因素和自身特征进行综合认知思考，在价值评估的基础上进行取向选择，以确立行为动机的思想活动与过程。其中，个体的动机焦点调节受所认同的文化主导，行为取向受焦点调节主导，行为表现受取向选择主导。可以说，动机调节焦点是个体文化认同与肉体行为表现的连接桥梁。个体认同的传统文化在思想意识中占主导，就会正视等级制度，接受人治控制管理，熟识社会潜规则与习俗，自觉遵从权威。因此，高传统性的个体大多会基于自己在群体中的角色、职责与义务来进行动机焦点调节和选择行为取向；认同时代文化的个体，特别是新生代个体，虽然他们无法摆脱传统文化的客观存在与习俗潜规则的影响，但他们出生与成长在改革开放的创新开拓时代环境中，接受的是时代文化的熏陶，因此，具有较低传统性的个体多以自我价值实现来进行动机焦点调节和选择行动取向，而认同西方文化的个体多以个人利益为主导来进行动机焦点调节和选择行动取向。可见，个体的动机调节焦点及行为表达取向都是建立在文化认同的基础上的。

（三）个体传统性与追随行为

传统性是个体基于文化认同所具有的内在特性，这种特性必然会反映到其追随领导工作的态度与行为之中。相对高低传统性的追随者。其表现在追随领导工作的态度与行为差异，郑伯埙（1999）认为，根本原因在于高传统性追随者遵从传统的社会角色义务（Social Role Obligation）；低传统性追随者则基于“诱因—贡献”平衡（Inducement Contribution Balance）的原则来选择行动取向。特质激活理论（Trait Activation Theory）的观点告诉我们，个体对情境的知觉会调节个体特征对行为的影响效果（Tett &Burnett，2003）。其中有些情境会促使追随者的个体传统性展现；有些情境则会抑制个体传统性表达（Higgins，1996；

Utz，2004）。情境依其强度（Strength）可分为强情境（Strong Situations）和弱情境（Weak Situations），情境强度的高低决定了个体所感知的期望与行为是否具有一致性（Beaty et al.，2001；Cooper & Withet，2009）。强情境指的是在该情境下，对个体行为表现的要求或期望较为具体、明确、统一，它促使个体对情境做出相对一致的反应。相反，弱情境则是指在该情境下，对个体行为的要求或期望并不明确，个体对情境的认知与反应倾向存在明显差异（李锐、凌文辁和柳士顺，2012）。在领导与追随者这组对应关系中，领导对追随者的工作情境塑造发挥着关键性作用（Lord & Brown，2001）。领导通过建立期望、控制资源、是否作出积极反馈等方式造就某种情境或氛围，进而影响着追随者的个人传统性能否被激活，以及是否表现出与个人文化认同及传统性相一致的行为（Shao et al.，2011）。相关研究显示，高传统性个体由于具有遵从权威、安分守己、存命自保等内在特征，并深受儒家思想中关于上下等级观念、角色义务、忠诚敬畏等传统文化教诲，这类追随者出于尊重、信任、依附领导的需要，在臣服领导的心理支配下，弱情境中都会表现出顺从式追随行为；只有在特定的强情境中，领导对追随者具有明确的高期望要求，并给予积极的反馈和充足的组织资源支持，追随者才会表现出积极主动的追随行为。在弱情境中，当个体传统性中的个人主义倾向上升为主导时，往往会选择自利式追随行为（罗文豪，2015）。相反，低传统性追随者较少受传统性文化思想的束缚，他们认为人生的意义并非仅是对个人利益的追逐，更看重的是自我价值实现的需要。根据郑伯埙的“诱因—贡献”平衡原则的观点，其中诱因主要指组织许诺的奖励、晋升以及自我价值实现。当员工通过主观努力，通过不断改革创新，实现领导的预期目标时，领导应该及时兑现所许诺的奖励、晋升等，追随者正是通过对奖励晋升的追求与获取来证明自我价值与人生意义。如果领导只有许诺而没有及时兑现许诺，就会严重挫伤追随者主动追随领导工作大胆改革探索的积极性而得不偿失。总之，个人传统性的差异必然导致不同情境中追随行为的差异。

四、组织氛围与追随行为相关研究综述

组织氛围是组织特征的重要变量，是员工对组织环境的主观知觉。组织氛围一词源于 Tomas（1926）提出的“认知地图”（Cognitive Map）概念，是个体为理解其周围的环境而形成的一种内部图示，作为对心理环境的理解（段景云、王娟娟和朱月龙，2014）。对组织氛围的研究最早出现在 Lewin（1930）的著作中，他是从团体氛围（Group Climate）的角度出发，把团体氛围定义为组织内部个体的共同知觉或个体所形成的认知地图之间相同或相似的部分。20 世纪 50 年代，西方研究者正式将组织氛围（Organizational Climate）这一概念应用于管理学研究中（Argyris，1958；Fleishman，1953）。现在已成为管理学研究中比较常用的组织特征概念。

（一）组织氛围概念的内涵与结构

如何定义组织氛围，学界有三种研究取向：第一种基于组织整体属性取向；第二种基于个体感知取向；第三种基于组织整体特性与个体感知的综合取向。Forehand 和 Gilmer（1964）将组织氛围视为组织的一种整体属性，将组织氛围定义为组织成员所感知到的组织及环境的持久特性，并认为组织氛围具有三个特点：可以将本组织与其他组织区分开来；具有跨越时间的相对持久性；能影响组织成员的行为。Tagiuri（1968）认为，组织氛围是关于一个组织内部环境的相对持久的特性，是一系列可以测量的工作环境属性的集合。组织中的成员对良好组织氛围的感受会引起满意度、生产率的提升和员工离职率的降低。后来，研究者开始强调，“组织整体特性”必须是“员工个体感知”，并影响员工态度与行为，并将组织氛围定义为组织成员对关于自身福利、工作环境的心理影响的共同感知（Jones & James，1979）。Schneider（1990）既强调个体的主观感知因素，又注重组织的客观环境因素，并在此基础上将组织氛围界定为组织员工对工作场所中被期望、支持和奖励的实践、程序和行为的共同的感知。目前，较多研究认同这一组织氛围的定义。国内研究者王元元、余嘉元和李杨（2012）将组织氛围定义为：组织中的个人对组织的信念和态度是由组织成员感知的，并能影响其行为的一种持续性组织特征。主要指员工对组织在创新、公平、支持、人际关系以及员工身份认同等方面的感知。

对组织氛围的结构维度，国内外学术界有很多种界定方式。Willem 等（1998）从四种角度解读组织氛围结构：结构角度——

氛围是组织结构的客观表现，是组织成员显现出共同的组织结构特征；知觉角度——个体对情境变量的反应，某种程度上代表此动态情境对他们的心理意义；互动角度——个体之间的互动形成了对情境的共识以及行动上的一致或协调；文化角度——组织氛围是组织成员共同参照的模式。Stringer（2002）将组织氛围划分为六个维度，即结构、标准、责任、认知、支持、承诺。国内研究者谢荷锋从五个维度来解读组织氛围结构：创新氛围——组织鼓励、团队支持、资源充分、工作自主和富有挑战性等支持创新行为方面的组织特征；公平氛围——组织使用人才任人唯贤，贡献与报酬对等，考核评价机制科学公正等方面的特征；人际氛围——组织中上下级之间、同事之间信息沟通畅通，人际关系和谐、相互关心、相互协作、没有钩心斗角、搬弄是非等人际关系特征；支持氛围——组织成员能感知到组织和领导从精神、资源、时间等方面支持员工灵活应对竞争变化与挑战的新想法、新观点，支持员工完成富有挑战性工作的特征；身份认同氛围——组织成员以组织为荣，具有组织承诺和满意度，愿意履行组织公民行为，与组织保持同心同德，对组织具有向心力等方面的特征。国内研究者王端旭和洪雁（2010）通过对相关研究文献的整合，将组织氛围区分为两种性质——支持性组织氛围（Supportive Organizational Climate）和控制性组织氛围（Controlling Organizational Climate），并指出，如果组织鼓励各层级的信息自由而又公开的交流，支持新思想、新观点，委派具有挑战性的工作，管理人员关注员工的自我实现需求，能够及时提供各种必要的组织资源，员工对自己的工作拥有自主权和支配权，团队内部及同事之间相互协作，就可以视为支持性组织氛围；反之就是控制性组织氛围。

（二）组织氛围的测量

由于研究者所站的角度和所作的定义不同，因而测量方法和侧重点也就不同。若将组织氛围视为整体属性，并侧重了解组织环境的客观状态，一般倾向于运用观察法和关键人物访谈法来测量组织氛围；若将组织氛围视为个体主观感知与组织客观环境相互作用的结果，并侧重于了解员工对组织环境的感知，则一般倾向于采用问卷调查法，可通过先测量个体层面心理氛围后，加以聚合得到（间接法），也可以通过直接测量得到（直接法）。需要明确的是，无论是采用直接法还是间接法来测量组织氛围，测量对象均是处于个体水平（段景云、王娟娟和朱月龙，2014）。

所谓间接法是指先测量个体层面的心理氛围，在聚合条件得到满足的情况下，结合分析水平，再将个体的心理氛围聚合至团队、组织层面。具体来说，就是在满足 r_{wg}、ICC（1）、ICC（2）等合并指标的条件下，组织氛围的测量是通过将团队内个体的心理氛围得分输入 SPSS 软件中加以汇总，取其平均数（Mean）来代表整个组织的氛围。随着对组织氛围研究的深入，近年来，有学者提出采用最小值—最大值合成模型（Minimum - maximum Compilation Model）来获得组织氛围（Kozlowski & Kleim，2000）的测量结果。该模型隐含的假设是：每个成员对团队或组织的奉献并不均等，某一个体的表现可能对组织活动起决定性作用，团队的表现取决于表现最优或最劣的成员。在间接测量法中，对个体层面心理范围的测量是基础，如何测量个体心理氛围是关键，常用的是 Campbell 和 Pritchard（1969）编制的量表，该量表有自主性、社会关系、奖励水平、绩效奖励、依赖关系、生产动机、地位极化、灵活创新、支持性、决策中心化、结构11个子量表。James和Sells（1981）所编制的心理氛围问卷（Psychological Climate Questionnaire），将量表分为去人性化、情绪耗竭和任务冲突三个维度。James（1989）又提出员工对组织环境感知的多层结构，包括工作、角色、领导、工作群体和组织五个子维度。

组织氛围除通过测量个体心理氛围得到之外，亦可通过直接测量获得。Litwin和Stringer（1968）开发了一套组织氛围量表（LSOCQ），共50个条目、9个分量表，主要从领导类型对组织氛围的影响这一角度来测量组织氛围。基于Stern在1970年编制的组织气氛量表，Payne和Pheysey（1971）进行了调整，将其应用于某些商业组织，20年后，Payne、Brown和Gaston（1991）再一次进行修订，修订后的量表有17个分量表，每个分量表各有8个观测项。目前比较常用的两个量表是Hay Group（即合益集团）的测评放大（Q47）和盖络普公司的测评方法（Q12）。Hay公司的测评方法将组织氛围分为六个维度，测试现实与理想状况之间的差异，以评估组织氛围是高绩效、高激发、中立性还是消极性。盖络普的测评方法主要是调查员工的敬业程度与基层工作环境，该问卷将组织氛围分为我的获取、我的奉献、我的归属、我的成长四个维度，这12个观测项涉及了较为主观的员工或较为客观的组织环境部分，而且题量精练，操作方便，因而应用较广（王晓莉、李静和韩雪，2010）。国内研究者王端旭和洪雁（2010）为了简化对组织氛围的测量，直接将组织氛围区分为支持性和控制性两种性质，以考察不同性质的组织氛围对员工工作态度及行为的差异影响。

（三）组织氛围研究的基础理论

由于不同的研究者站在不同的研究角度，对组织氛围做出不同的解读，以及采用不同的测量方式，主要源于他们对组织氛围研究的基础理论差异。从组织氛围研究的发展历程可以看出，学者对组织氛围的研究分别基于社会信息加工理论、意义建构理论、涌现理论、吸引选择磨合理论和社会交互作用理论。

1. 社会信息加工理论

社会信息加工理论（Social Information Processing Theory）是Salancik和Pfeffer（1978）提出的，人类是适应性的有机体，常依据环境所提供的线索来理解和解释自己和他人的行为，并根据获得的信息调整自己的态度和行为。组织氛围作为工作环境所提供的信息，产生与组织成员的社会互动，通过提供关于组织所期望、鼓励和支持行为的线索、信息进而影响员工的态度和行为。社会信息加工理论常用于解释领导行为、个体行为对组织氛围形成的影响，或用于解释组织氛围对员工行为（如建言行为、追随行为等）组织结果的作用机制（Frazier，2009）。

2. 意义建构理论

意义建构理论（Sense - making Theory）是Weick（1995）、Salanick和Pfrer（1978）提出的：个体通过意义建构过程对环境做出解释，赋予过去事件以一定的意义，当环境中的事件出乎个体预期或模棱两可时，个体会利用社会中的线索和信息来感知环境，对事件做出有意义的解释。研究表明，同级交流是意义建构过程发生的主要途径（Meyer，1994）。意义建构是一种社会建构过程，在这一过程中，个体对自己的经历做出解释，这一解释随后便会被合理化客观化，进而影响个体对现实事件的观点、态度和行为（Hardin & Higgins，1995）。同一组织中的成员在理解组织环境的过程中会相互交流影响彼此的观点与态度，进而对同一组织事件形成相似的解释，随后对事件采取相似的反应和行动，如此便形成组织氛围。意义建构理论常用于解释特定组织氛围（如公平氛围、追随氛围等）的形成。

3. 涌现理论

涌现理论（Emergence Theory）是 Kozlowski 和 Klein（2000）提出的，当源于个体层面认知、情感、行为及其他特征现象，通过交互作用得到放大并表现为一个更高层面（如团队、组织）共同的结构时，这种自下而上的交互作用过程，称为涌现。在涌现过程中，个体的认知、情感、行为或其他特征构成涌现现象的基本内容，亦称为涌现的原始材料。在组织中，个体层面的感知通过同级交流、上下级交流等相互作用，将得到放大而成为团队乃至组织的氛围。涌现理论可以很好地解释团队乃至组织层面变量的形成机制，是将个体心理范围聚合到团队、组织层面进而成为团队氛围、组织氛围的理论基础。

4. 吸引选择磨合理论

吸引选择磨合理论（Attraction - Selection - Attrition Theory）是 Schneider（1987）提出的，他基于主观主义视角认为，组织实践就是领导、员工和组织情境三者交互作用的磨合过程，有相似特征的个体会被同一团队吸引，选择进入并留在这一团队中。Van Dyne 和 Yeeng（2005）认为：同一群体中会有很多个体在知识结构、兴趣爱好和价值观等方面存在一定的同质性，故当同一群体中的个体遇到类似情境（如助人情境、追随情境等）时，倾向做出相同或相似的反应或选择。在团队层面的实证研究中，若将个体层面的变量聚合至团队层面，解释其合理性时，吸引选择磨合理论不失为研究的最佳选择。

5. 社会交互作用理论

社会交互作用理论（Social Interaction Theory）是 Ashforth（1985）提出的，是组织氛围形成的重要理论之一。该理论基于相互作用的视角，糅合了主客观主义的观点：团队中的新成员在进入团队时，他们不熟悉组织的政策、程序，会对自己的角色和地位无所适从，因此必须在与同事和领导的交流与互动中了解组织的运作流程、组织的权力结构、奖惩体系、组织对员工的角色期望、成员公认的规范等。长此以往，某种氛围便在该团队中形成。已有研究证实：社会交互作用较多的个体对组织事件会形成相似的解释，社会交互较少的个体对同一组织事件会形成不同的解释（Rentsch，1990）。由此可见，社会交互是组织氛围形成的关键因素。实证研究中，领导成员交换作为是社会交互作用的结果表征。

（四）组织氛围与员工的追随态度、行为

组织氛围是组织成员个体工作的群体环境气氛，产生员工不同的工作感受与体验，员工在组织氛围中获得什么样的线索或体验，就会产生与之相适应的情感和授权认知，从而表现出情感、授权认知相一致的行为。概括地说：“近朱者赤，近墨者黑。”也就是说，环境氛围对人的态度、情感和行为有着深刻的影响。

1. 组织氛围与员工的情感状态

情感状态是个体的内生变量，是反映个体情感倾向的概念，

指个体在一定情境中对相关人和事感知后所产生的或积极或消极的主观体验，它与人的心理期望和需求相联系，这种体验倾向性会直接影响个体的工作态度与行为（Matthews，1990）。人是富有情感和思维的高级动物，能够通过自身的有机体敏锐地感受外部世界，从而产生不同的认知与体验。组织成员身处一定的组织情境与氛围中，每天都会接受或感知来自方方面面与工作相关的信息与线索，由此产生不同的工作感受与体验，从而表现出或兴奋、积极或沮丧、消极的情绪。人的情绪状态并非是恒定的，它处在永不停息的变化之中，既是人对外在事物的反映，也是人行为的内在动力。美国威斯康星州立大学为了便于研究个体情感状态与其工作行为绩效的关系，从情绪的性质视角，把人千变万化的情绪状态区分为两大类，一类为积极情绪，另一类为消极情绪，并开发了相对应的测量工具（Matthews，1990）。

组织氛围与员工的情感状态是一种因果性联系，即组织情境与氛围给员工提供什么性质的信息与线索，员工就会产生相对应的情感体验与反应，也就进入积极与消极的情感状态之中。相关研究显示，当组织加强控制与监督，保留资源、限制工作方式和信息流动，依赖老套而熟练的工作程序，员工感知这些组织氛围中的信息与线索，其工作的能动性和创造力就会自我压抑，并呈现思想僵化、行为被动和情绪耗竭的表现，进而进入消极的情感状态中（Amabile & Conti，1999）。当组织倡导上下级之间的信息自由公开交流，团队内部相互信任与协作，鼓励大胆变革，就会激发员工勇于进取的情感，使之进入积极的情感状态中（Zhou & Ceorge，2001）。Stringer（2002）研究发现，高协同感和高身份认同的组织氛围可以潜移默化地让员工形成一种积极向上的情感状态，根据人性假设 Y 理论，员工愿意为自我价值实现付出更多努力和承担更大责任。

2. 组织氛围与员工的心理授权

心理授权（Psychological Fm – Powermatic）指授权个体认知体验的综合体，这个综合体是工作意义、自我效能、自主性和工作影响四种认知的格式塔（Avolio，1999）。工作意义指个体根据自己的价值体系和标准，对工作目标和目的价值的认知；自我效能是指个体对自身完成工作任务的能力认知与评估；自主性是指个体对工作活动控制能力的认知；工作影响则是指个体通过工作能力对组织和他人产生影响的认知（李超平和时勘，2006）。心理授权是一套关于认知几乎完整和充分的组合（Thomas，1990）。个体正是通过这套完整的认知组合，将组织环境中所反馈的信息、线索与自身的主观因素结合起来，以进行行为取向和行动选择（许晟、熊文光和袁庆妃，2015）。

相关研究发现，当组织和领导把工作意义与员工的自我实现有机结合起来，信任和认同员工的工作责任感，注意建设充分发挥一线员工灵活应对竞争变化与挑战的能动性、创造性的机制与氛围，对员工进行赋能与授权，赋予员工工作的主动权和支配权，为员工开拓工作提供各种必要的资源，长期培育和弘扬群体员工相互帮助与协作的正气——这种开放沟通的支持性组织氛围，为员工个体提供了一种心理安全场景，他们会感受到自己得到尊重、信任，因而其认知境界会相对较高，思维活跃度也会更高，不仅会提高对工作意义的认知，增强自我效能感，还会强化独立工作和协同工作的自主性与能动性（王端旭和洪雁，2010）。Stringer（2002）认为，高责任感和高身份认同的组织氛围可以营造一种积极向上的工作状态，在这种状态中，员工不得不更多激发自己寻找提高工作绩效的路径和方法。黄盼盼（2010）在一项组织氛围的研究中发现，不同的组织氛围对员工的敬业度、组织承诺有明显的影响差异，其中开放式组织氛围对员工的敬业度、组织承诺的影响达到显著水平；而封闭式组织氛围则与员工的敬业度、组织承诺负相关。组织氛围正是通过影响员工的自我体验与认知结构来影响员工的工作态度与行为的，这种影响比单纯的行政命令和组织的外在压力对员工的工作态度与行为的影响更有力有效，也更为稳定。

3. 组织氛围与员工的追随行为

追随行为前文已充分阐述，是追随者以组织目标为导向，能动与领导力和组织情境交互作用的行为，包括追随者的进取精神、认知悟性、执行技能、关系技能、相互影响等要素，其核心是追随者对领导力适时适情境反应与行为的能动性。那么，组织氛围是怎样影响员工的追随行为呢？首先，员工追随领导、与领导进行互惠合作的双向互动都发生在一定的组织情境与氛围中，根据存在决定意识的哲学观点，有什么样的组织情境与氛围，就会导发员工什么样的追随态度与行为选择。当组织弘扬员工的主人翁责任感，注重充分发挥员工在一线灵活应对竞争变化与挑战的能动性创造性，把员工的自我实现与组织的发展有机结合时，员工就会积极主动追随领导，并与领导建立互惠合作的双向互动关系；反之，当组织突出领导权威，强化对员工的监督与控制、限制信息流动，只强调员工的忠诚与顺从时，员工就会相对应地表现出机械、被动服从的工作态度与行为。其次，领导是组织氛围营造的主导者，领导者个人在组织群体中的亲和力、凝聚力是组织氛围的重要内容，当领导者个人注重以身作则、严于律己、处事公正、信任和关心员工的成长，能与员工打成一片，想员工所想、急员工所急，这些充满亲和力和凝聚力的领导行为，就会激活员工的向心力，员工就会自觉地以领导者为中心，主动为领导分担工作责任，加强与领导者的沟通，及时为领导决策提供信息与建言，密切配合领导解决处理工作问题。最后，组织氛围是组织全体员工共同营造的氛围，从众常是员工个体较为普遍的行为选择。当群体高扬勇于负责，倡导齐心协力、相互支持，以互惠合作为荣，以各行其是、保守自身、工作怕负责为耻的正气时，员工就会把积极追随领导工作，化为自身的自觉行为。总之，组织氛围中的组织运行机制、管理机制、评价机制，领导者的行为、风格、亲和凝聚力以及群体中弘扬的正气，都会对员工追随行为的选择产生深刻影响，这就是环境氛围育人的功能。

追随理论认为，与内隐领导类似，追随者如何进行追随选择和表现追随行为也有一定的追随内隐图示（原涛和凌文辁，2010）。Carsten 等（2007）通过实证研究发现，团队成员的积极态度、主动行为、及时表达意见、吸纳他人长处、灵活性、开放性、沟通技能、忠诚/支持、负责可靠、主人翁意识、诚信等 12 种行为与特质建构追随者的内隐结构。同时他还指出，内隐结构是追随者在一定的组织工作环境氛围中通过长期自我感知积累与评估建构的。追随者之间内隐结构的不同，必然会导致追随行为类型的差异。由此可见，组织氛围是通过影响员工的感知和心理内隐结构的建构差异来影响追随者的行为选择和行为表现的。因此，营造积极向上、同心同德以及互惠合作的组织氛围，强化领导者亲和的凝聚力，弘扬群体正气，是组织激活员工积极主动追随领导工作、提高员工对组织和领导的向心力的一条有效路径。

五、调节焦点与追随行为相关研究综述

（一）调节焦点理论的基本内涵

人的行为是受动机支配的，（动机）调节焦点理论（Regulatory Focuses Theory）是 Higgins 等（1997）在自我差异理论基础上提出的，是当代行为动机理论的新发展。该理论从个体趋利避害的人性本能出发，建构了人源于动机的两套基本自我行为调节体系。一套是促进型调节体系，它对奖励或成功行为进行正向调节，使个体关注积极的预期目标；另一套是防御型调节体系，它对惩罚或失败行为进行正向调节，使个体关注防御的预期目标。持促进型调节焦点的个体追求“理想”自我，关注希望和愿望；持防御型调节焦点的个体固守“应该”自我，关注责任与义务。该理论的重要观点是：个体的行为通常有两种不同的动机导向，即促进型和防御型两种调节焦点，调节焦点不同的个体会有不同的感知、体验与期望。促进型调节焦点占主导的个体更关心积极目标的实现，他们对能否获得成功与奖励更为敏感，常会采用促进性方式与策略接近目标，在解决问题的过程中倾向于开拓思维和富有创造性，面对困难和风险常会不屈不挠，敢于迎难而上。其情绪跨度是“兴奋—沮丧”。防御型调节焦点占主导的个体更

关心职责与义务，对是否会失败和受到惩罚更为敏感，常会用防御型方式与策略接近目标，对充满不确定性的事情往往持谨慎和保守的态度，其情绪跨度是“激动—平静”（Higgins，1997，2000）。Higgins（1997）同时指出，个体的促进型调节焦点源自以下三个方面的因素，即强烈的理想、“获得—无获得”的情境构成和成长需要的激活；而防御型调节焦点则源自相反的三个方面，即强烈的义务、“损失—无损失”的情境构成和安全需要的激活。Higgins（2000）在分析个体促进型、防御型调节焦点三种不同的来源后认为，调节焦点可区分为特质调节焦点和工作调节焦点（也称情境调节焦点）。特质调节焦点是个体在成长过程中逐渐形成的个体倾向，比较稳定，一般不会发生改变。工作调节焦点是一种即时性调节焦点，主要由情境和任务框架的信息线索所诱发。Higgins 同时指出，对工作调节焦点，可以通过对即时情境的有效操控来加以引导，这种操控主要体现在领导者与追随者之间传递即时信息的过程中。例如，当员工在一线工作处于不利的情境下，任务又充满不确定性，领导者在员工传递即时信息时，既要帮助员工分析工作的难点，又可以通过指导员工发散思维，厘清任务与情境之间矛盾的顺序，找出主要矛盾，找准任务与情境可能性之间的内在联结点与可操作的切入点，引导员工化不利为有利，提高员工完成工作任务的信心，这种通过即时情境信息传递操控来引导员工调节焦点的事例在实业界比比皆是。Levontin（2004）认为，调节焦点既表现为个体的一种特质，又可以通过对即时情境信息的操控来加以引导。同时 Levontin 把促进型调节焦点视为变革动机、防御型调节焦点视为稳定动机，并指出这两种动机是相对的，既可以相互转换，也可以同时并存，对个体的生存与发展都非常重要。李磊和席酉民（2010）认为，稳定动机驱动个体关注安全保障，倾向维持常规，保持现状；相反，变革动机驱动个体追求变革与发展，注重创造与革新。Levontin（2004）通过实证检验证实，稳定动机与变革动机对员工工作态度和行为的影响存在明显差异，变革动机与员工积极主动的工作态度与创新行为显著正性相关；保守动机与员工的安全意识和保守行为显著正性相关，而与员工的创新行为负性相关。

对调节焦点的测量，目前较普遍使用的量表主要有两个，一个是 Nfubert、Kacmark 和 Carlsond（2008）开发的 WPF 量表，包括防御型调节焦点和促进型调节焦点两个测量维度，每个维度各 9 个观测项，共 18 个观测项。另一个是 Wallace（2005）基于组织工作情境开发的调节焦点量表，包括促进型与防御型两个测量维度，共 12 个观测项。调节焦点理论推出并传播到中国，很快引起国内学界研究者的重视，并被广泛应用于领导、管理和组织行为等研究领域，进而出现一批有影响的研究成果。

（二）调节焦点、LMX 与追随行为

朱立言和雷强（2001）指出，追随是一种以 LMX 为纽带的双向互动，追随者选择何种方式追随领导，以及领导者又会对追随者做出何种反应，双方都会根据 LMX 质量抉择。朱立言等明确告诉我们，良好的领导部属交换关系是员工追随行为选择和积极互惠合作发生的重要前因与基础。调节焦点理论的推出不仅告诉我们每个人都有趋利避害的两套基本自我行为调节体系，而且为我们探讨领导者与追随者的 LMX 关系建设以及匹配提供了新的研究方向和思路。根据相似相吸的理论观点，追随者从与自己

有相似特征、价值观的领导那里得到对自我形象的强化，因而往往易被与自己相似的领导吸引，也易表现出对与自己相似的领导的尊敬、信任和偏爱等（吴志明等，2013）。如果追随者与领导者的个体特征相似，他们的调节焦点取向也会比较接近，双方就会建立更多的情感联系，产生更多的社会交换，领导者与追随者之间的 LMX 质量就会更高。角色理论的观点是：领导者与追随者的社会交换过程，就是领导通过与追随者的双向互动对下属进行角色期待和角色塑造的过程（Gracn，1987）。如果领导者与追随者在调节焦点上比较一致就比较容易建立起相互认同的角色期待和高质量的 LMX，领导者的凝聚力也易与追随者的向心力相互碰撞，擦出员工积极主动的互惠合作追随行为的火花。因此，领导者与追随者在调节焦点上的一致，以及有效匹配，是诱导员工做出主动追随选择和积极表现协同合作行为的重要前因。

（三）调节焦点、追随行为与工作绩效

调节焦点对追随行为的主导，主要是通过影响追随者的认知倾向、情绪体验和行为决策来实现。已有大量研究显示：①不同调节焦点的追随者在认知倾向上具有很大差异。持促进型调节焦点的追随者，对积极结果的获得和领导认同的反馈评价更为敏感；持防御型调节焦点的追随者，对消极结果的避免和自身安全更为敏感（Van Dijk & Kluger，2004）。两种不同敏感的关注点明显区别了不同调节焦点的追随者在认知倾向上的差异，这种差异是直接导致追随者是否做出追随选择以及行为差异的重要因素。②不同的调节焦点会使追随者产生不同的情绪体验。促进型目标的成败会引发追随者促进型内倾，表现积极情感维度下的兴奋与

沮丧情绪；防御型目标的成败则引发追随者防御型内倾，表现消极情感维度下的平静与激动情绪（Wastson，1999），这些情绪会或左或右地影响着追随行为。③不同的调节焦点影响着追随者的行为决策。促进型聚焦的追随者倾向于敢于决策、迎难而上、大胆变革与创新等接近型方式与策略实现目标，而且具有不屈不挠的顽强意志与毅力；持防御型聚焦的追随者只注重职责、义务，偏重谨慎，倾向保持平稳和维持现状的方式与策略来规避风险和消极目标的实现。可见，追随者通过调节焦点的差异来主导其追随行为的差异。

根据工作绩效理论，个体的工作绩效通常包括任务绩效和情境绩效两个层面。任务绩效主要指工作职责范围内的工作任务完成情况，属于员工的角色内行为与成就；情境绩效则往往是工作职责要求范围之外的内容，虽然并不直接产生工作职责上的绩效，但是有助于整个组织运行的有效性，对促进任务绩效完成的社会心理环境有支持或建设性作用。情境绩效通常包括工作奉献和人际促进两个维度（Motowidlo，1994）。调节焦点理论认为，促进型调节焦点和防御性调节焦点都与任务绩效目标达成相关，只不过个体采用的达成目标的行为策略不同。促进型调节焦点所对应的行为策略是追求成功。当员工采用促进型调节焦点所对应的行为策略时，他们注重任务完成得更多或完成得更快更好。防御型调节焦点所对应的行为策略是规避失败或损失。当员工采取防御型调节焦点所对应的行为策略时，他们注重遵守工作相关的规则，履行职责，注重怎样能够更安全稳妥地完成工作任务，避免失误。由于促进型调节焦点和防御型调节焦点表现出不同的动机特性，因而对工作绩效具有不同的影响作用。防御型调节焦点主要影响个体对角色内工作任务的完成，与任务绩效之间存在相关，但可能与情境绩效并无直接关联。促进型调节焦点不但有助于个体任务绩效的达成，而且会直接影响情境绩效。

追随理论认为，追随者强化与领导的互动，一般出于两个方面的需要，一是通过追随领导的双向沟通与互动，可以提高追随者理解领导在不同时期不同组织情境中的差异化工作意图，以及决策制定的内涵与需要的准确性，从而提高贯彻执行领导决策、指令的针对性，更好地达成领导的预期要求。二是通过与领导的双向沟通与互动，可以密切双方的互惠合作关系，提高 LMX 质量，使追随者从领导那里获得信任、支持与授权等，而这些正是员工提高工作绩效的重要条件。综上所述可以看出，调节焦点、追随行为和工作绩效是个体的心理活动、行为选择与表现及行为结果的完整运行过程。其中个体的调节焦点通过导向其认知倾向、情绪体验和行为决策，使个体发生促进型和防御型选择分化。个体的促进型追随行为关注积极目标的实现，对是否能够成功更为敏感，在这种动机支配下，个体会开发思维，大胆变革创新，用促进型方式与策略接近和实现预期目标，因而对其任务绩效和情境绩效均会产生积极正向效应。个体的防御型追随行为关注职责、义务和对失败结果发生的规避，保持现状，以不变应对万变的方式与策略来行动，对其情境绩效会产生负向影响（吴志明等，2013）。

第三章　研究内容与研究设计

本章首先介绍本书研究与笔者前期的《追随力对领导效能的作用机理研究》的关系、中国组织情境的典型文化特征等。在此基础上，再明确本书的研究内容、研究变量、整体研究框架。然后制定系统的研究思路和操作步骤，选择研究工具，规划研究样本的数据采集方法，实证统计方法等相关研究设计问题。

一、前后相关研究的联系与区别

本书是在笔者前期的《追随力对领导效能的作用机理研究》基础上展开的，是对前期研究的延伸、拓展与深化。前期研究重点是关注追随力是如何影响领导效能、其中的作用机制是什么；本期重点关注员工的追随行为是在什么条件与情境下发生的；等等。前期研究的核心概念是追随力，本书的核心概念是追随行为。追随力与追随行为是追随理论两个不同的重要概念。追随行为是追随者以帮助领导者承担工作责任、与领导者有效沟通、协助领导者解决和处理问题（Carsten，2007）为出发点，与领导者的人际关系为基点，双向互动为承载点，能动选择为切入点，创造领导效能或组织绩效为落脚点“五点一链”的行为表现与过程。追随力则是承载在追随行为中，对领导力和组织情境产生影响或作用力的行为能量，两者是形式与内容的关系（许晟和曹元坤，2012；曹元坤和许晟，2013）。在前期研究中，作者运用扎根理论的实证研究技术，揭示追随力是员工与领导力和组织情境能动交互作用的行为特质与能力，包括进取精神、认知悟性、执行技能、关系技能和上向影响力五个维度。随着对追随理论研究的逐步深化，已经开始意识到，追随行为能否产生较强的追随力，并不完全取决于个体内在特质与能力，外在的领导需求和情境动态是制约追随行为发生及其有效性的两个重要因素。在组织追随实践中，领导的工作重心需求是随着组织情境的动态变化而变化的，需要员工追随行为的灵活能动性相适应。可见，从追随者与领导者和组织情境交互作用的能动性视角，揭示追随行为的内在结构和开发量表，比仅从个体特质视角发掘追随行为的内在结构更贴切真实的组织追随实践，而且对追随行为为什么会产生追随力更具有科学解释力。因此，从追随者的能动性视角能更好地反映员工的追随行为过程，既包括追随行为对个体特质的要求，同时也包括交互实践对追随行为的内在要求。如果仅从个体特质视角建构追随行为结构，只能反映追随行为对个体的特质要求，而无法反映领导力和组织情境对追随行为的实践要求，同时也模糊了追随行为与追随力两个概念内涵的差异。因此，本研究调整研究取向，从个体能动性视角揭示追随者与领导者和组织情境交互行为的内在结构，以提高追随理论对组织追随实践的实用价值。同时为后续研究探讨追随者与领导者合作互惠关系的特征结构，探讨个体人格特征差异、领导风格差异、组织氛围差异对员工追随选择的影响打下基础。

二、中国组织情境融入研究商榷

中国是个有着厚重民族传统文化的国度，其中儒家文化一直在民族传统文化中占据主导地位。儒家文化的核心是注重“仁、义、礼、智、信”和“忠君、孝亲、宽恕、气节”。虽然通过几千年的历史变革和人类文明进步的洗涤，但它对现代社会和人们的影响仍然不可低估。一方面，它作为人们思想意识的体现，对人们的思想观念、价值取向起着主导作用；另一方面，它作为社会客观存在的反映，以生活习俗、社会潜规则的形式渗透在人们的学习、生活、工作与交往之中，影响着人们的生活态度和行为选择。其中最典型的传统文化特征是 Chen 和 Francesco（2000）指出的：“由于受传统文化的长期影响，中国组织中的上下级之间有很大的权力距离，领导者相对下属具有高度权威。”上下级之间的高权力距离是中国组织情境的第一个传统文化的典型特征。同时，中国又是一个典型的关系导向的社会，形成以自我为中心的“差异格局”的关系圈（Fei，1992）。群体氛围中高关系导向是中国组织情境中第二个传统文化的典型特征。“华人社会在文化、价值观上与西方存在巨大差异，我们不能忽视华人领导行为独特而又重要的方面”（樊景立和郑伯埙，2000）。“家长式领导是中国集体主义组织氛围中普遍的领导特征，并非仅仅为家族企业所独有”（郑伯埙、黄敏萍和周丽芳，2002）。可见，家长式领导是中国组织情境的第三个传统文化的典型特征。“中国集体主义组织，大多是延续传统的逐层向下控制的管理模式”（李锐、凌文辁和柳士顺，2010），人治控制管理体制是中国组织情境中第四个传统文化的典型特征。“西方文化强调人的个体独立地位，要求人对自己的命运负责，而中国文化则把人理解为类的存在物，仅把个体看作群体一份子，是个体所属社会关系的产物，重视人的社会价值。个体的人生价值因群体而存在，并在群体中体现”（徐行言，2005）。个体价值体现为对组织及社会的贡献是中国组织情境第五个传统文化的典型特征。

随着社会的发展和科学技术的日新月异，人类已进入以知识创新和科技创新为主潮流的新时代。振兴中华民族，圆中国的富强梦，是历史赋予当代中国人的重任。于是，以终身学习、勇于破立、大胆改革创新求发展，实现人生价值最大化，齐心协力建设和谐社会等新型理念为核心的时代文化得到蓬勃发展，并深刻影响着组织员工，特别是新生代员工。同时，伴随我国对外开放涌入的西方的拜金主义、享乐主义和极端个人主义的腐朽文化思潮逐渐与我国的传统文化、改革创新时代文化相互交织，相互碰撞，构成我国组织多元文化并存的独特情境。在这种情境下，员工对文化认同的差异，必然会反映到他们对追随选择和行为表现中。本书在进行研究设计时，必须充分考虑这些文化因素对员工个体的态度与行为的影响。

三、研究内容

在规划研究内容之前，首先必须明确一个研究前提。Kellerman（2008）指出："追随者是与上级相比，拥有较少权力、能力、影响力的下属。"Cavell 和 Hasl（2007）指出："追随行为的目标指向主要有二：一是支持领导决策；二是执行领导决策。"从 Kellerman 对追随者的定位和 Cavell 等对追随行为指向的明确可以看出，被领导与领导的关系就是追随与被追随的关系，从这一角度理解基于上下级职位而产生的追随关系是客观存在的，不存在发生或不发生的问题。然而，员工如何表现追随的态度与行为却有极大差异。许多西方研究者按照追随的态度与行为表现来进行分类，虽然他们各自的表述不同，但大体划分为四种类型，即积极追随行为、消极追随行为、疏离追随行为和强制追随行为。西方学界对追随行为的研究，主要是把积极主动的追随行为作为一种范式而加以探讨，因为只有研究积极主动的追随行为，才能对组织的追随实践产生指导价值。本书借鉴这一研究取向。因此，本书探讨个体人格特征差异、领导特征差异、组织氛围差异对员工追随行为发生的影响，并非指基于上下级职位关系的员工客观追随行为是否发生，而是指具有主观能动性积极追随行为是否发生，是指员工帮助领导者承担工作责任、与领导者有效沟通、协助领导者解决和处理问题的追随行为发生，注重个体、领导、组织三个层面前因对追随者主观能动性产生影响的研究，并将具有能动性的追随行为作为结果变量来探讨前因的影响，以保持从能动性角度探讨追随行为的内在结构与测量在逻辑上的统一性。明确这一研究前提，本书的研究内容如下：①员工与领导者和组织情境交互追随行为能动性的结构与测量研究；②追随者与领导者互惠合作关系的特征结构与测量研究；③诱因一，人格特征差异对员工追随行为影响研究；④诱因二，领导风格差异对员工追随行为影响研究；⑤诱因三，组织氛围差异对员工追随行为影响研究；⑥基于 LMX 调节的追随力对领导效能的差异作用效应研究。

四、研究框架

根据上述六项研究内容，本书所设计研究的整体框架如图 3－1 所示。

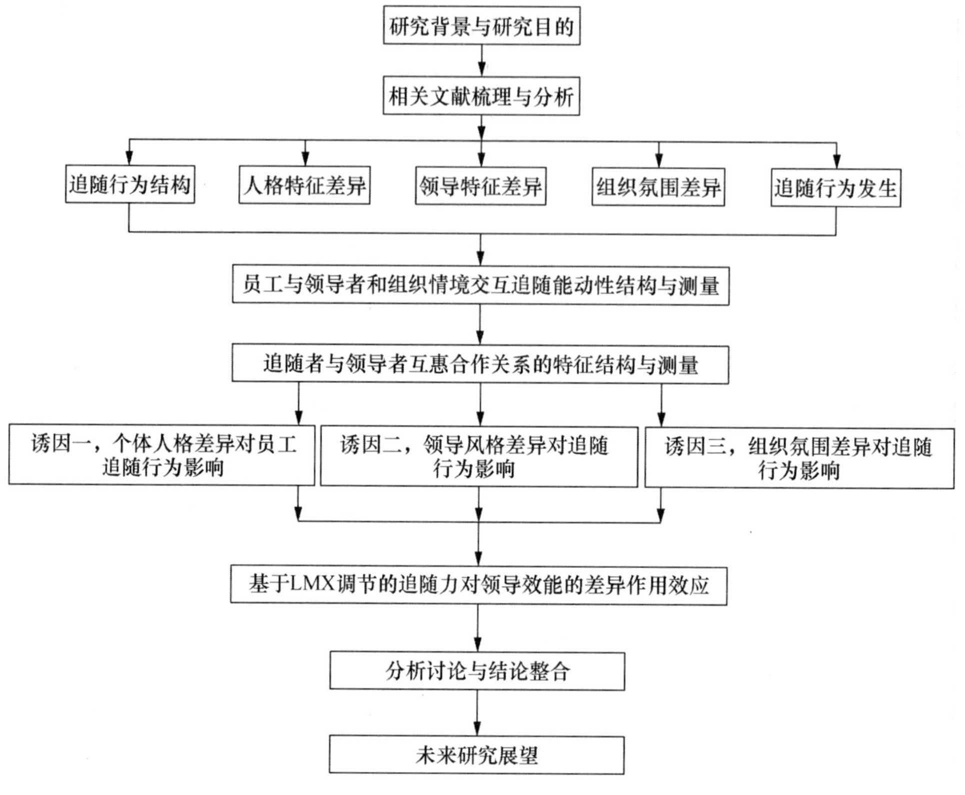

图 3－1　本书整体研究框架

五、研究变量

本书前因变量关系如图 3－2 所示。

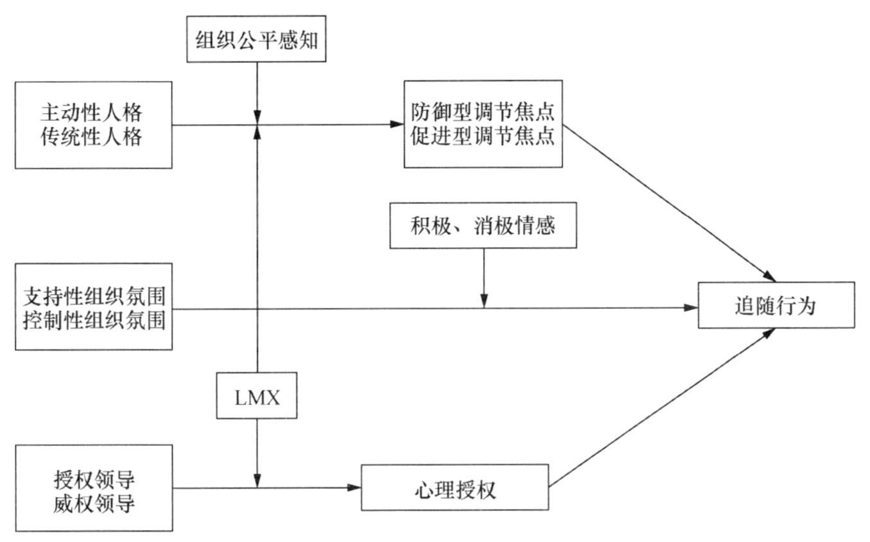

图 3－2　本书前因变量关系

六、研究思路

（一）员工与领导者和组织情境交互追随行为能动性的内在要求与测量研究

员工选择追随方式，表现追随行为，其目标是释放追随力，以创造领导效能。员工的追随行为是否会产生追随力，取决于其与领导力和组织情境交互的主观能动性，员工追随行为中的追随力强弱与其主观能动性的强弱是同比关系。因此，本研究切换传统对概念内涵结构的探讨，多基于人的内在特质视角，从个体特质与领导者和组织情境能动交互作用的视角出发，既注重个体特质对其行为的影响，也注重外在因素，即领导力和情境因素对其行为的影响。由于个体的主观性与即时场景密切相关，具有动态性、灵活性和缄默性，不易直接观测，往往需要结合实际案例的反思认知才能发现。因此，本研究切换传统多以开放问卷方式来采集原始反馈信息的做法，选择既有一定文化底蕴，又有较佳追随效率的精英追随者，通过典型案例反思来收集精英追随者灵活与领导力和组织情境交互作用的主观能动性典型特征。具体操作步骤如下：相关文献的整理与回顾—建立研究框架和选择研究方法—选择既有一定文化底蕴，又有卓越追随业绩的精英追随者为受访对象，注意受访者的代表性—进行面对面（少量网络访谈）的结构性访谈—整理访谈笔录，结合典型案例提取追随行为主观能动性的典型特征，同时进行条目编码、合并、归类和命名—建构追随交互行为结构的理论模型—编制初测问卷—初测问卷数据的探索性因素分析—结构模型与量表结构的调整修正，形成正式问卷进行大区域大样本再测—运用再测数据进行结构模型的竞争比较和验证性因素分析，检验量表的效度包括内容效度、结构效度、收敛效度、区分效度、实证效度等多项指标—形成研究结论—分析讨论与展望。

（二）领导者与追随者互惠合作关系的特征结构与测量研究

领导者与追随者的关系是追随理论建设与发展的基点，因为“追随是一种人员导向的行为，这种行为建立了领导者与追随者之间的关系，从而为领导者和追随者锁定一个共同目标提供了环境”（Jehn & Bezruova，2003）。“追随是以领导者与追随者的人际关系为纽带的双向互动方式，追随者是否选择这种互动方式，以及领导者是否接纳和积极回应追随者，都会根据两者的人际关系抉择”（朱立言，2000）。探讨员工追随行为发生的前因，不能不探讨领导者与追随者的人际关系。追随与追捧是绝然不同的，追捧是基于对偶像人物权力、人格或成就的崇拜而发生的，它不是一种人际关系；追随是基于双方共同目标与利益发生的，它是一种上下级对偶的人际关系，互惠是该关系的核心。那么领导者与追随者应具有哪些相似的共同特征来形成和发展这种互惠的人际关系，正是本研究的目标。本研究拟按以下操作步骤来实施：

相关文献整理与回顾——确立研究目标和选择探讨方式—采用领导者与追随者配对开放问卷，收集上下级对偶关系的典型特征—进行典型反馈信息的条目整理、编码、合并、归类、命名—建构领导者与追随者关系的典型特征理论模型—编制初测问卷进行预测—预测数据的统计分析—结构模型与量表结构的调整，形成正式问卷进行大样本大区域再测—再测数据的统计分析（探索性因素分析、相关分析、竞争模型比较、高阶因素分析和验证性因素分析，检验量表的效度包括内容效度、结构效度、收敛效度、区分效度、重测效度等多项指标）—形成研究结论—分析讨论（包括中国企事业单位上下级对偶关系的历史演变；典型特征的相关理论支撑；典型特征的中国文化情境解读；本研究观点与西方相关研究观点的内涵差异）—不足与展望。

（三）诱因一，人格特征差异对追随行为影响研究

人的思想意识实质就是社会文化认同的反映。我国是个有着

厚重传统文化的多民族国家，目前正处在改革创新、实现民族复兴的时代。传统文化、改革创新求发展的时代文化以及伴随对外开放渗入的西方文化相互交织、相互碰撞，构成了我国多元文化同时并存的情境。个人传统性（Traditionality）是最能反映中国人文化取向的概念之一（Farnold，1994），而且会对员工的追随选择产生重要影响（Meilinger，1994）。认同传统文化的员工，多会基于传统的社会角色义务进行行为调节焦点，表现为较高的个人传统性；认同时代文化的员工，多会基于自我实现需要进行行为调节焦点，表现为较低的个人传统性。因此，本研究拟以主动性、传统性来反映员工的文化认同差异，以行为的调节焦点为中介变量来探索员工文化的认同差异对其追随行为的影响，具体操作步骤如下：相关经典文献的整理与回顾—已有的相关研究观点与结论梳理—建立以主动性人格、传统性人格为自变量，行为调节焦点为中介变量，追随行为为因变量的研究框架，提出研究假设—横截面的调查取样—数据的统计分析—间隔 6 ~ 9 个月在原取样的企事业单位再采集纵向追踪数据—纵向追踪数据的统计分析—横截面研究结论与纵向追踪研究结论的比较分析—推出最终研究结论—研究结论的中国情境解读—分析、讨论与展望。

（四）诱因二，领导风格差异对追随行为影响研究

追随行为对应的是领导行为，因而领导者的行为风格是影响员工追随选择分化的重要变量。在中国集体主义的组织氛围中，受等级观念、人治控制管理等传统文化的影响，具有专权作风的家长式领导和受改革竞争时代文化影响，具有开明作风的变革型领导是极为普遍的领导行为风格。家长式领导注重领导立威和强

化权力控制，是典型的威权领导。变革型领导注重授权，提高员工的需求层次，是典型的授权领导类型。本研究把威权领导、授权领导两种截然不同的领导风格作为自变量，探讨不同的领导风格如何影响员工的心理授权，进而影响员工的追随态度与行为，同时探讨 LMX 在不同领导风格与员工心理授权关系中的调节作用。具体操作步骤如下：相关经典研究文献的整理回顾—已有的相关研究观点与结论的梳理—建立以威权领导、授权领导为自变量，员工心理授权为中介变量，LMX 为调节变量，员工追随行为为因变量的作用机制研究框架，提出研究假设—横截面的调查取样—数据的统计分析—间隔 6 ~ 9 个月后在原取样的企事业单位再采集纵向追踪数据—纵向追踪数据的统计分析—横截面研究结果与纵向追踪研究结果的比较分析，相关分析及因果分析—推出最终研究结果—研究结论的中国组织情境解读—分析、讨论与展望。

（五）诱因三，组织氛围差异对追随行为影响研究

员工是在一定的组织情境中追随领导工作的，组织氛围既是组织情境的客观反映，也是影响员工追随选择的重要变量。Deniaon（1996）将其定义为：组织成员对组织的态度与信念，是由组织成员感知，并能影响组织成员行为的一种持续性组织特征，包括对组织在创新、公平、支持、人际关系以及员工身份认同等方面的感知。王瑞旭和洪雁（2010）针对中国高权力距离、高关系导向、人治控制管理等本土典型文化特征，从性质视角将组织氛围区分为支持性组织氛围和控制性组织氛围。本研究将分别探讨不同的组织氛围对员工追随行为发生的影响，以及员工情感状态（积极情感、消极情感）在其中的中介作用。具体操作步骤如下：

相关经典研究文献的整理与回顾—已有的相关研究观点与结论的梳理—建立以支持性组织氛围、控制性组织氛围为自变量，员工的情感状态（积极情感、消极情感）为中介变量，员工追随行为为因变量的作用机制研究框架，提出研究假设—横截面的调查取样—数据的统计分析—间隔6~9个月后，在原取样的企事业单位再采集纵向追踪数据—纵向追踪数据的统计分析—横截面研究结果与纵向追踪研究结果的比较分析，相关分析及因果分析—推出最终研究结论—研究结论的中国组织文化解读—分析、讨论与展望。

（六）基于LMX调节的追随力对领导效能的差异作用效应研究

为完善追随理论体系，本研究在探讨员工追随力差异发生诱因的同时，也进行不同追随力对后果变量的差异作用效应研究。追随是一种人际关系导向的行为，已有相关研究证实，与领导保持高LMX的员工，多会用积极追随力能动反作用于领导力；而与领导只有低LMX的员工，多会表现强制追随力被动应对领导力。两种不同的追随力对领导效能将会产生不同的影响。本研究将基于LMX调节作用下，探讨不同追随行为与领导效能的关系。具体操作步骤如下：

相关经典研究文献的整理与回顾—已有的相关研究观点与结论的梳理—建立以积极追随力、强制追随力为自变量，高低LMX为调节变量，领导效能（工作绩效、工作满意度、情感承诺、组织公民行为）为因变量的研究框架，提出相关研究假设—实地调查采集数据—统计分析，得出研究结果—研究结论的分析、结论与展望。

七、测量工具

（一）员工与领导者和组织情境交互追随行为能动性的内在结构与量表开发

本研究以与精英追随者深度访谈方式广泛采集业界的相关原始信息，并按照美国学者 Churchill（1979）和 Hinkin（1995，1998）所论述的量表开发方法进行，直到符合心理测量学的标准。

（二）领导者与追随者互惠合作关系特征的结构与量表开发

本研究以“主管—追随者”配对开放问卷方式采集业界的相关原始信息，并按照美国学者 Churchill（1979）和 Hinkin（1995，1998）所论述的量表开发方法进行，直到符合心理测量学的标准。

（三）诱因一，个体人格差异对追随行为影响研究

本研究的主要研究变量有：主动性人格、传统性人格、调节焦点、员工追随行为，这四个变量的测量工具如下。

主动性测量：采用 PPS－10 题项的浓缩版问卷，其典型条目如“自觉用创新思维解决具有不确定性的工作问题”，该量表的信度为 0.814。

传统性测量：采用 Farh 等（1997）研究中所使用的个人传统

性量表，共五个题项，其典型条目如“要避免发生错误，最好的办法是听领导的话”，量表为五级自陈测量，其信度为0.72。

调节焦点测量：采用Neuhert等（2008）开发的WRF量表，包括促进型和防御型调节焦点两个维度，每个维度各9个观测项，该量表两个维度的信度分别为0.893和0.858。

员工追随行为测量：拟采用本研究一所开发的员工能动追随行为量表。

（四）诱因二，领导风格差异对追随行为影响研究

本研究的主要研究变量有授权领导、威权领导、心理授权、LMX、员工追随行为，这五个变量的测量工具如下。

授权领导测量：变革型领导是一种具有赋能授权典型特征的领导风格，所以本研究把变革型领导作为授权领导进行测量，使用李超平和时勘（2005）立足中国组织文化情境开发的四维16个观测项的TLQ量表，量表信度为0.913。

威权领导测量：立威专权是家长式领导的典型风格。本研究采用樊景立和郑伯埙（2000）开发的家长式领导量表中的威权领导分量表，共7个题项，该分量表的信度为0.876。

心理授权测量：采用Spreitzer（1995）开发的四维12个观测项量表。该量表经李超平、孟慧、时勘等翻译、校对和检验，是国内学界较为普遍使用的成熟量表，量表信度为0.862。

LMX的测量：采用学界普遍使用的LMX－7量表，该量表的信度为0.883。

员工追随行为的测量：采用曹元坤和许晟（2013）开发的五维20个观测项量表，该量表的信度为0.845。

（五）诱因三，组织氛围差异对追随行为影响研究

本研究的主要研究变量有支持性组织氛围、控制性组织氛围、员工情感状态、员工追随行为。这些变量的测量工具如下。

组织氛围测量：采用王瑞旭和洪雁（2010）在 Bock（2005）等编制的组织氛围量表基础上，针对中国组织情境修订、检验后使用的成熟量表。该量表包括支持性组织氛围和控制性组织氛围两个测量维度，共 18 个观测项。两个维度的信度分别为 0.867 和 0.834。

员工情感状态测量：采用威斯康星州立大学 Matthews（1990）开发的量表。该量表包括积极情感和消极情感两个测量维度 32 个观测项，该量表两维度的信度分别为 0.906 和 0.883。

员工追随行为测量：采用曹元坤和许晟（2013）立足中国组织文化情境开发的员工追随行为量表，其信度为 0.863。

（六）基于 LMX 调节的追随力对领导效能的差异作用效应研究

本研究的主要研究变量有积极追随行为、强制追随行为、LMX、领导效能（工作绩效、工作满意度、情感承诺、组织公民行为）。这些变量的测量工具如下。

积极、强制追随行为测量：采用曹元坤和许晟（2013）开发的追随行为问卷，该问卷包括 20 条目的积极追随行为分量表和 10 条目的强制追随行为分量表，两个分量表的信度分别为 0.836 和 0.807。

领导成员交换（LMX）测量：采用学界普遍使用的 LMX－7 量表，Hui（1999）已将其翻译为中文并在中国组织情境中广泛使

用，其信度为0.864。

领导效能测量：采用Bono和Judge（2003）工作满意度5条目；Williams和Anderson（1991）组织公民行为6条目和工作绩效5条目；Meyer和Allen（1991）组织承诺量表中的情感承诺4条目分量表。该问卷是王淑红博士（2008）翻译、校对和检验后使用的成熟量表，其信度为0.844、0.871、0.813和0.808。

上述所选择的国外量表是国内研究者翻译、校对和检验后使用的成熟量表，本研究在使用前均再次进行了英汉互译校对与检验。

八、样本采集

本书共有六个方面的研究内容，包括两个概念（员工能动追随行为、追随者与领导者的关系）的内涵结构与测量研究、三个层次的前因（个体层、领导层、组织层）机制研究和一个追随力对后果变量的影响效应研究，不同的研究目标拟分别采用不同的样本采集方式。

研究一，员工与领导和组织情境交互追随行为能动性的内在结构与测量研究。拟通过对数十位精英追随者的深度访谈来采集他们在业界中如何发挥主观能动性的共识，并在预试的基础上进行结构调整和量表结构探索，然后形成正式问卷，并通过主管—追随者配对问卷大样本大区域采集调查数据进行统计分析来检验。

研究二，领导者与追随者互惠合作关系的特征结构与测量研究，拟通过领导者—追随者配对开放问卷方式，采集研究的原始信息，并在预试的基础上进行概念结构调整和量表结构探索，然后修订为正式问卷，并通过领导者—追随者配对问卷大样本大区域采集调查数据进行统计分析来检验。

研究三，个体人格差异对追随行为影响研究，拟通过大样本，大区域的横截面调查采集数据进行统计分析，得出初步研究结果。间隔6～9个月后，再在原受试企事业单位采集纵向追踪数据进行统计分析和比较，以检验本研究各个变量之间的因果关系。

研究四，领导风格差异对追随行为影响研究，拟通过大样本大区域采集横截面调查数据进行统计分析，得出初步研究结果，间隔6～9个月后，再在原受试企事业单位采集纵向追踪数据进行统计分析和比较，以检验本研究各个变量之间的因果关系。

研究五，组织氛围差异对追随行为影响研究。拟通过大样本大区域采集横截面的调查数据进行统计分析，得出初步研究结果。间隔6～9个月后，再在原受试企事业单位采集纵向追踪数据进行统计分析和比较，以检验本研究各个变量之间的因果关系。

研究六，基于LMX调节的追随力对领导效能的差异作用效应研究，通过“主管—员工”配对互评问卷采集数据来进行统计分析。

本项目的多项调查取样均采用时间交叉的方式进行。为了扩大样本采集面，本研究一方面运用多年进行科研所建立的企事业关系网，另一方面通过亲友、同学关系，建立一些新的企事业关系网络，以保证受试企事业单位具备充足的代表性。为了保障受试顺利，本研究先派人员与受试企事业领导取得联系，获得企事业单位领导大力支持后，再组织若干调查小组分别奔赴各企事业单位进行实地抽样。测量采用当场发卷，当场解答被试提问和当场回收的方法。为了防止被试刻意揣摩调查者的意图，每份问卷都要求被试在 10 分钟之内完成。为了不影响企事业的正常工作，调查小组深入各车间、部门或营业网点直接采样和登记编号。

九、统计分析

本书有六个方面的研究内容：其中研究一和研究二为概念的内涵结构与测量研究。研究三为个体人格差异对追随行为影响，即个体主动性人格、传统性人格如何影响个体行为变量，属单层面的研究。研究四为领导风格差异对追随行为影响，领导在组织中处于中心地位，是组织成员意识与利益的代表者，属群体变量。研究四是群体变量对个体变量的影响，属跨层面研究。研究五为组织氛围差异对追随行为影响，组织氛围是群体变量。研究五是群体变量对个体变量的影响，属跨层面研究。研究六为基于 LMX 调节的追随力对领导效能的差异作用效应。跨层面研究与单层面研究的要求有所不同，群体变量的数据需要用个体测量结果的平均值做其观测值，这个指标需要从组内同质性和组间差异性两个方面来检验，故在此先统一明确。

研究一，员工与领导者和组织情境交互追随行为能动性的内在结构与测量研究的统计分析方法：①频次和百分比主要用于统计能动追随行为的内容条目和人口学、组织学特征的质性分析。②探索性因素分析主要用于能动追随行为结构维度的探讨。③相关分析主要用于考察能动追随行为结构维度的内在关联水平。④验证性因素分析主要用于检验能动追随行为量表的信度、概念结构和量表结构整体的收敛效度，维度间的区分效度和整体结构效度。⑤多元层次回归分析主要用于检验量表的实证效度。

研究二，领导者与追随者互惠合作关系的特征结构与测量研究的统计分析方法：①频次和百分比主要用于统计追随者与领导者关系的内容条目和人口学、组织学特征的质性分析。②探索性因素分析主要用于追随者与领导者关系结构维度的探讨。③平均数标准差和相关分析主要用于考察追随者与领导者关系结构维度的内在关联水平。④验证性因素分析主要用于检验追随者与领导者关系量表的信度、概念结构和量表结构的收敛效度、区分效度、结构效度。⑤多元层次回归分析主要用于检验追随者与领导者关系量表的实证效度。

研究三，个体人格差异对追随行为影响的统计分析方法：①变量间的区分效度采用验证性因素分析。②变量间的描述性统计和相关矩阵分析采用平均数、标准差和相关分析。③员工的主动性人格、传统性人格对其促进型、防御型调节焦点的影响，以及个体调节焦点对其追随行为发生的影响，采用结构方程模型逐步回归分析方法。④不同人口学、组织学变量下员工主动性人格、传统性人格的差异，采用单因素方差分析和 LSD 多重比较。⑤横截面与纵向追踪数据采用比较分析和因果分析等。

研究四，领导风格差异对追随行为影响的统计分析方法：①变量间的区分效度及相关水平采用相关分析和验证性因素分析。

②授权领导、威权领导对员工心理授权的影响，员工心理授权对其追随行为发生的影响，以及 LMX 在授权领导、威权领导和员工心理授权关系中的调节作用，采用路径分析和结构方程模型多元逐步回归分析方法。③横截面与纵向追踪数据采用比较分析和因果分析等。

研究五，组织氛围差异对追随行为影响的统计分析方法：①变量间的相关水平及区分效度采用相关分析和验证性因素分析。②组织氛围这一群体变量的平均值，其组内同质性采用 r_{wg}、ICC（1）和 ICC（2）等统计指标检验；组间差异性采用方差分析。③支持性、控制性组织氛围对员工积极情感、消极情感的影响，员工积极情感、消极情感对其追随行为差异发生的影响，采用路径分析和结构方程模型多元逐步回归分析。

研究六，基于 LMX 调节的追随力与领导效能的差异作用效应研究的统计方法：①变量间的相关水平及区分效度采用相关分析和验证性因素分析。②高、低 LMX 对积极、强制追随行为与领导效能四效标的差异关系采用路径分析和结构方程模型多元逐步回归分析。

以上六项研究的主要统计工具为 SPSS 15.0、LISREL 6.0、AMOS 7.0。

第四章　追随者与领导和组织情境交互对能动性的内在要求与测量

一、导言

在组织的追随实践中，为什么同层级的追随者有的很受领导赏识并对领导变革产生积极影响，有的却被领导冷落而难有作为？为什么同样的追随行为在有的场景中有效，而在有些场景中无效，产生如此大的反差？这是管理实践必须剖析的命题。在本土权力和关系导向的组织情境中，追随是下属以组织目标为导向，能够与领导者和组织情境交互作用的行为方式（曹元坤和许晟，2013）。下属之所以较为普遍地选择这种行为方式，主要是出于适应领导在动态情境中的差异化期望和创造追随效率的需要。所谓效率，可以说是“把事情做对”（To Do Things Right）的程度，而不是指重复“做对的事情”（To Get The Right Things

Done）（Drucker，2009）。把组织中充满不确定性的事情做对做好，追随者就必须切实提高与领导和组织情境交互行为的有效性，以顺应和满足上下级交互的实践需要。华裔美籍管理学家徐淑英（2005）指出，管理研究的目的就是帮助人们获取有益于提高行动效率的实践知识，这就是管理学者应该达到的切题性（Relevance）标准。本研究探索追随者与领导力和组织情境交互作用追随行为能动性的内在要求，主旨就是帮助广大追随者获取有益于提高追随效率的实践知识。

二、研究方法与选择说明

韩巍和席酉民（2015）指出，组织管理研究的真谛在于善于总结阅历、经验、知识、智慧，完整地呈现经验事实或直面经验事实的过程中提出洞见，使读者从中获取认知视野、深度以及行动上的启发。本研究探讨精英追随者与领导和组织情境能动交互作用的内在要求，需在研究方法选择上作如下说明：①原始信息的采集方式选择。本研究采用对追随者进行深度访谈方式收集原始信息，这种以案例为主的方式比开放问卷所获取的原始信息更真实可靠，也更少掺杂受访者的随意修饰水分。为了提高原始信息的反馈质量，本研究选择具有较高文化素质且追随绩效优佳的精英追随者为受访对象。②研究关注焦点的选择。Carsten（2007）明确指出，追随行为是针对领导者而言的，这些行为与他们自己的工作和同事间的互动无关，而只与领导者有关。他同时还指出，追随行为是追随者帮助领导者承担工作责任的行为，是与领导者有效沟通的行为，是协助领导者解决和处理工作问题的行为。根据Carsten对追随行为内涵与外延的界定，本研究把研究关注点聚焦在追随者与领导者和组织情境交互的能动性行为上，而对员工不与领导发生直接关系工作行为不作研究。③研究切入点的选择。要客观准确地揭示追随者与领导者和组织情境交互行为能动性的内在要求，必须选准研究切入点。领导理论对领导行为与下属及组织情境的能动关系，多从权变视角展开研究。追随者虽然以贯彻执行领导决策为职责，但组织发展目标的共享需要追随者协同参与领导活动。追随者的这种参与并非是消极被动的，他们会灵活地发挥自身的主观能动性、创造性与领导力和组织情境交互，以提高领导活动的有效性。虽然各行各业的运营（生产）业务、实践形式、绩效评价标准有很大差异，但人的行为必须能够满足不同的社会实践需要的原理是共性相通的。由于人的主观能动性与特定的情境和特定的实践活动特征相联系，因而要求的差异很大，难以直接抽象化探讨。在管理学研究中，学者把千差万别的组织氛围区分为支持性和控制性两种性质，把形形色色的领导—下属交换关系区分为“圈内”和“圈外”两种性质，使研究具有可操作性，为本研究提供了启迪。本研究借鉴这种研究方式，以社会实践对人的有效行为内蕴的共性要求为切入点，探讨人的有效追随行为主观能动性的共性要求特征，不仅具有可操作性，而且研究结果也会有普适性和推广应用价值。

三、访谈结果的质化研究

（一）一份共识度较高的访谈笔录

本研究原计划对22个企事业单位30名精英追随者进行深度访谈，由于健康、工作外出等原因，只有26位接受访谈，共获得26份来自业界的一线资料。受访者的基本信息是：男性12人，女性14人；行政事业单位6人，营销服务企业12人，生产加工企业8人；有职务者（主管级）15人，无职务者11人；大专及以下文化3人，本科15人，研究生8人；工龄5年以下5人，5～10年9人，10年以上12人。其中一份共识度较高的访谈记录摘要如下：

表4－1　受访者A的访谈记录摘要

样本单位：中国移动景德镇市公司	受访者文化与职位：工商管理硕士，市区公司经理	访谈主题：你如何能动地与领导者和组织情境交互作用，创造追随效率的典型案例与经验？	时间：约2个小时
我以中国移动景德镇市公司陶瓷采购中心项目为例，谈谈自己如何追随领导、创造追随效率。陶瓷采购中心项目以中国移动采购网络优势，助力景德镇市陶瓷产业发展，以争取地方政府对移动发展的倾斜支持，实现双方互惠。公司领导早有这个想法，但因没有找到如何实施的出口就搁置下来。了解领导这一所思所求，我首先通过互联网了解国内外陶瓷市场的变化和需求，同时走访了一些生产厂家、批发营销商家和景德镇市陶瓷产业协会。在市场调查基础上，我主动请缨协助领导完成陶瓷采购中心的规划建设。然后，我专门与领导沟通多次，准确了解领导意图与要求，			

续表

向其反馈市场动态及调查信息，提供自己的整体设想、规划理念、具体思路和方法步骤。在取得领导认同和全力支持后，我代公司起草项目建设报告呈送市政府，引起市委市政府领导高度重视，市长亲笔批示"举全市之力做好此项目"。接着，我起草了项目的3年实施规划，包括建设目标、组织结构、职能定位、实施步骤、宣传推广、技术保障、支撑平台和政策资源等，清晰勾画了该项目的发展蓝图。同时我积极协调相关关系，使项目迅速被批准立项，并成功签订了公司与市陶瓷局的战略合作发展协议。中国移动集团公司总裁得知后，当即将景德镇市公司陶瓷采购中心定位于中国移动在景德镇市的陶瓷采购基地，并给予大力支持，使由地市推动的小项目上升为集团公司的大项目。为了保证陶瓷采购中心顺利开业和赢得开门红，我和公司同仁全力把项目的具体事项一件件落实。例如，为了确保项目如期亮相在集团公司深圳BTB集采会议上，我们连续7个日日夜夜，完成50家陶瓷企业、500件代表作品的筛选，以及样品拍摄、目录设计与印制等。仅在这次深圳BTB集采会议上，采购中心就签下5000万元以上的订单，实现了开门红。案例2……，案例3……

下面我再谈谈自己多年追随领导工作的体会，最重要的就是在勤于和善于学习思考的基础上，充分发挥自身的主观能动性。我们正处在知识飞速更新和科技日新月异的伟大变革时代，只有勤于学习和思考，才能有效开拓创新思维。我记得德鲁克先生在其《卓有成效的管理者》一书中，有这样一句话：用脚走不通的路，用头可以走得通。这句话的"用头走路"就是指用创新思维开路。创新是个体主观能动性的核心，也是做好一切工作的源泉。追随领导工作，与领导和组织情境交互作用，只有发挥自身的主观能动性，才能卓有成效。多年来我主要从五个方面发挥自身的主观能动性：其一，行动指向要体现针对性。组织工作千头万绪，只有领导关注的问题，才是最重要最紧迫的，针对领导的所思所求选择追随互动目标，最易获得领导认同和支持。前面的案例1就是一个例证。其二，行动方案（思路）要有实用性。组织情境充满不确定性，需要我们找准追随目标与场景之间的内在联结切入点，以推动工作流程通畅。衡量行动方案实用性的基本尺度就是能否找准不同任务与场景之间的联结切入点，使不确定性工作具有可操作性。例如今年八九月份，正是高校新生入学期，这时联通、电信、铁通都会涌入高校相互抢客户，而我则通过事前在高校建立关系网络，进行预约营销引领，打破了以往多家相互对峙的营销场景，成功发展了超过其他三家发展总量的新客户。其三，行动方式和策略要有创新性。协助领导解决工作问题，如果仍用惯性思维和常规方式行动，就很难达成预期追随效率，因为不同任务具有不同的个性特征，而且任务场景充满变数。只有针对任务的个性特征，灵活创新行动方式与策略，以顺应动态情境，才能收获事半功倍之效。例如，在一次与领导的沟通中，我发现领导对部分员工工作效率低的问题很头痛。事后，通过深入调查与走访，我发现计时工资体制很难激活员工高

续表

效率工作积极性，于是就我从绩效技术与管理视角，用创新思维策划了一套“计时工资+情境绩效”劳动报酬体系，对提高员工工作效率起到了明显的推动作用。其四，行动表达要有时效性。时效性的核心是讲究适人适时适情境。个体的行动表达主要有两个方面，一是态度、情感、意愿的语言表达；二是行为方式、步骤的操作表达。无论是语言表达还是操作表达，都只有在与特定场景相适应的时间内才有效，错失相适应的时间场景则无效，这就是“时差效应”。例如，公司有位中层干部在领导决策讨论时没有建言，却在决策被执行后再向领导提出新的建议，结果被领导斥责为干扰决策执行。其五，行为互动要有默契性。追随是配合领导工作的双向互动。其默契性一般包括两层含义：一是及时准确了解领导在一定情境中的工作意图；二是坚守自己的配角定位，能动发挥配角的补台效应，它来源于双方心的相通、意的相联。多年来我能得到领导赏识和提拔，很大程度缘于领导对我的默契配合的认同。在永不停息变化的组织情境中，我始终坚持勤于学习思考来调节自己与领导交互行为的主观能动“五性”，使追随行为适应动态的组织情境和领导差异化需求，这就是我多年追随领导的心得。

（二）访谈结果的质化梳理与整合

本研究邀请3位博士学友，按以下步骤对26份访谈记录进行梳理和整合。

第一步，按照准确反映追随者与领导者、组织情境能动交互，创造追随效率的主旨，提取能动追随行为的典型特征，3位博士从26份访谈记录中共提取典型条目465个。

第二步，进行条目的同类项、近义项合并，同时统计重复出现频次，然后再删除与本研究主旨不密切相关的条目和重复出现频次较低的条目，使条目锐减为59个。

第三步，请3位博士再次对59个条目进行逐条评审。评审内容包括条目内容的单一性和准确简洁性，以及条目之间的明确可区分性。评审结果只有31个条目得到3位博士的一致确认。接着由3位博士不准相互沟通，分别进行31个条目的行为性质归纳与命名，随后集中评审，先由博士各自阐述自己如此归类与命名的理由，再由3人共同对有争议的归类与命名进行讨论，最后3人一致将31个条目归属为5种能动性的共性要求，即行为指向针对性、行动方案实用性、行动策略创新性、行为表达时效性、双向互动默契性。

第四步，本研究邀请部分企事业人力资源主管和精英追随者座谈，并将质化研究结果打印给与会者，请他们审议31个条目描述及行为性质归类是否正确，以及是否有因遗漏而需要补充的相关信息。与会者一致认为，31个条目的描述清晰，行为性质归纳准确和命名贴切。

四、质化结果的实证探索

（一）先导性预测探索

本研究将质化研究的5因素31个观测项编制为预测问卷，向6个企事业单位发出了300份预测问卷，回收有效问卷256份。先进行所有观测项的 *CR* 值分析，结果显示：其中有6个观测项的 *CR* 值没有达到统计学建议值的要求。随后进行因素探索性分析，结果显示：所有观测项呈现5因素结构，但其中有11个观测项（包括

低 *CR* 值观测项）出现低载荷和多重载荷，本研究将所有低 *CR* 值、低载荷和多重载荷的观测项全部删除，只保留 20 个符合测量学要求的观测项，归属于行为指向针对性、行动方案（思路）实用性、行动策略创新性、行为表达时效性、双向互动默契性 5 个性质因素上。

（二）能动追随行为性质特征的再次探索与检验

1. 研究样本特征

本研究将预测探索所得的 5 性质特征 20 个观测项编制为正式量表，在江西南昌、九江、景德镇、赣州等 8 个地区选择 25 个不同类型的行政、企事业单位抽样，发出问卷 1000 份，回收 862 份，剔除各种问题答卷，有效问卷 834 份。其组织学特征（%）：行政 14%，事业 18%，生产加工企业 31%，营销服务企业 37%。其人口学特征（%）：男性 55.5%，女性 45.5%；年龄 30 岁及以下 37.8%，31 ~ 40 岁 41.8%，40 岁以上 20.4%；高中及以下文化 21.1%，大专 36.1%，本科 37.6%，研究生 5.2%；有职务者 38.5%，无职务者 61.5%；工龄 5 年以下 27.3%，5 ~ 10 年 35.4%，10 年以上 37.3%。问卷采用 Likert 五级自陈测量，1 = 不认同，5 = 完全认同。本研究将 834 份问卷随机分成两组，一组 $N = 410$ 用于再次探索分析，另一组 $N = 424$ 用于量表信度检验。

2. 再次探索性因素分析结果

运用 SPSS 15.0 统计软件，首先进行因子分析的适合性检验，结果显示：此组样本 *KMO* 值为 0.817，球形检验 $\chi^2 = 884.63$，符合因子分析条件，然后采用最大方差主成分分析法，并对所得因子进行 Promax 旋转，提取特征根大于 1 的因素，所得结果如表 4 – 2 所示：

表 4－2　能动追随行为性质结构的再次探索性因素分析结果

序号	观测变量	结构因素					共同度
		针对性	实用性	创新性	时效性	默契性	
1	领导的所思所求是我比较关注的重点	0.878					0.836
2	领导的所思所求已成为我行动的取向	0.842					0.758
3	领导的所思所求是我们常沟通的主题	0.734					0.709
4	领导的所思所求是我自觉的追随行动	0.815					0.784
5	执行任务时我细心分析任务与情境特点		0.751				0.685
6	执行任务时我会灵活地从实践需要出发		0.806				0.782
7	执行任务时我会开拓思维厘清操作思路		0.747				0.704
8	执行任务时我会找准任务与情境间切入点		0.692				0.669
9	协助领导工作时我不会静等领导指示			0.708			0.695
10	协助领导工作时我不会停留于惯性思维			0.764			0.750
11	协助领导工作时我会大胆提出开拓建言			0.693			0.688
12	协助领导工作时我会灵活创新方式策略			0.753			0.744
13	支持领导决策时我会及时提供信息和建言				0.834		0.813
14	贯彻领导指令时我常在群体中带头执行				0.755		0.726
15	发现领导失误时我主动适时适情境沟通				0.618		0.603
16	与领导交互时我第一时间做出积极反应				0.795		0.773
17	动态场景中我及时关注领导的工作意图					0.658	0.630
18	动态场景中我自觉充当领导的工作配角					0.756	0.744
19	动态场景中我机敏发挥配角补台效应					0.703	0.682
20	动态场景中我积极协助领导解决问题					0.630	0.615
特征根		3.642	6.258	4.033	3.825	0.350	
方差解释率（总方差为76.52）		16.12	15.33	15.48	14.38	15.19	

注：因子载荷小于0.35的值在本表中未显示。

为了进一步求证五因素与追随行为能动性的关系，需进行五因素的相关分析与高阶因素分析，结果显示，五因素呈较高的正向相关，系数为0.543～0.654，如表4－3所示。

表 4-3　追随能动交互行为性质特征的相关矩阵

特征因素	指向针对性	方案实用性	策略创新性	表达时效性	互动默契性
指向针对性	(0.685)				
方案实用性	0.557**	(0.716)			
策略创新性	0.548**	0.645**	(0.708)		
表达时效性	0.574**	0.588**	0.607**	(0.698)	
互动默契性	0.503**	0.519**	0.588**	0.654**	(0.703)

注：** 表示 $p<0.01$，对角线括号内为 *AVE* 值。

同时进行五因素的高阶因素分析，LISREL 统计软件的拟合结果显示：高阶因子分析模型的 $\chi^2/df=2.538$，$GFI=0.936$，$NFI=0.923$，$CFI=0.915$，$IFI=0.940$，$RMSEA=0.041$，$PNFI=0.806$，均优于建议值，表明五因素的二阶模型拟合优佳，证实五因素归属追随行为能动性这一高阶因素，其参数如图 4-1 所示。

（三）量表的信度检验

信度是指测量结果的可靠性水平，它是反映心理测量学中随机误差率大小的指标。本研究第一步运用 LISREL 9.0 软件对第二组样本（$N=424$）进行统计分析，结果显示总体结构的分半信度为 0.813，一致性 α 系数为 0.842；五个因素的分半信度为 0.779～0.827，一致性 α 系数为 0.785～0.842，符合测量学对信度的要求。第二步进行观测项与总分的相关分析，考量观测项的增减是否会引起信度波动。分析结果显示：20 个观测项与总分的相关系数为 0.543～0.684，删除任何一个观测项都不会引起结构信度向上波动。两项统计分析证实，本研究的能动追随行为量表具有较高的信度。

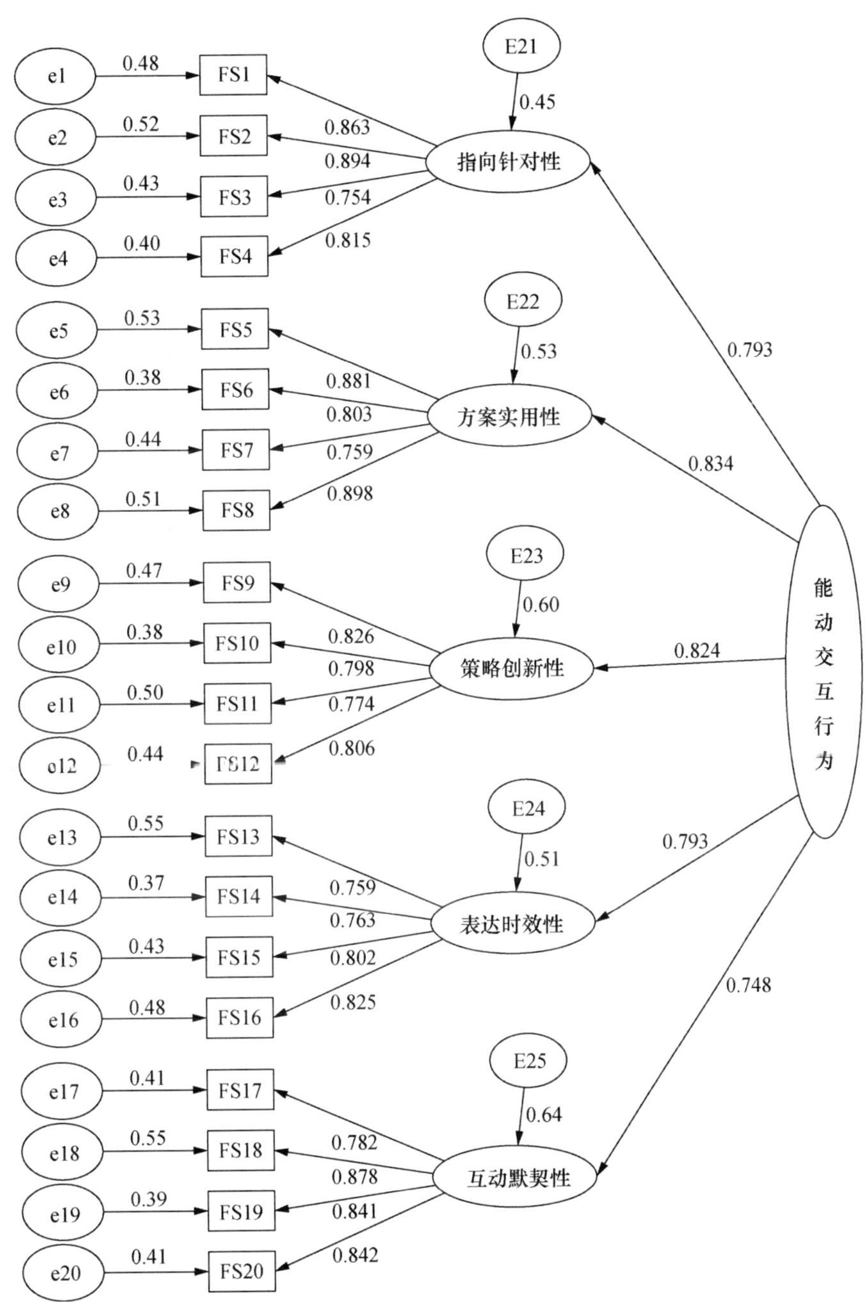

图 4－1　二阶因素分析模型结果

（四）量表的效度检验

效度是指量表是否确实能够测量出所欲测量的特质或功能程度。本研究将从四个方面检验量表效度。

其一，内容效度。本量表的五维能动追随行为性质特征结构和20个观测项，是从26位有一定文化素养且追随业绩卓越的精英追随者深度访谈、挖掘他们经验世界中的切身感受中提取的，具有26位精英追随者较高的共识。同时，本研究还广泛征求了许多业界人力资源管理专家及追随者的修改意见，大家较高认同本研究对能动交互行为五因素和20个观测项的归纳整合，综合表明本量表具有较好的内容效度。

其二，结构效度，指构念可能包含多种不同的结构维度。本研究用结构方程模型对多种不同维度结构进行比较，以检验基于理论建构的构念结构是否最优。本研究以五维结构为基准模型，另外增设三维模型（指向针对性、方案实用性与策略创新性合并为一个因素，把表达时效性和互动默契性合并为一个因素）。单维模型（把五个因素全部合并为一个单因素），以形成三个用于竞争比较模型。三个模型的拟合指数如表4－4所示。

表4－4　量表结构效度的验证性因素分析结果　（$N=424$）

竞争模型	χ^2/df	*GFI*	*AGFI*	*NFI*	*IFI*	*CFI*	*RMSEA*	*PNFI*
五因素模型	2.634	0.932	0.946	0.925	0.929	0.950	0.043	0.816
三因素模型	4.458	0.794	0.783	0.811	0.797	0.801	0.075	0.694
单因素模型	3.743	0.813	0.805	0.788	0.807	0.812	0.069	0.733

从表 4 – 4 可以看出，五维结构模型的拟合指数均超过建议值，胜于其他两个模型，表明本量表具有较好的结构效度。

其三，收敛效度。本研究从两个方面检验量表的收敛效度。一是统计各维度的 *AVE* 值，本量表各维度的 *AVE* 值为 0.685 ~ 0.716，超过了 0.50 的建议值。二是使用确认性因子分析方法，运用 LISREL 9.0 软件，对量表所有观测项进行检验证实，所有观测项在对应维度上的标准化负荷为 0.658 ~ 0.878，超过了 0.50 的可接受水平，并全部通过 t 检验，均在 $p < 0.01$ 水平上显著，两方面数据都表明本量表具有很好的收敛效度。

其四，区分效度。本研究从两方面评估量表的区分效度：一是本量表五维度 20 个观测项通过两次探索分析，都没有跨因素负荷（0.35 上限）的现象。二是本量表五维结构的 *AVE* 值为 0.685 ~ 0.716，各维度的相关系数为 0.503 ~ 0.654，各维度的 *AVE* 值均大于维度间的相关系数，两方面均证实本量表具有较好的区分效度。

五、分析讨论

本研究通过与 26 位精英追随者深度访谈，挖掘他们长期实践中如何运用追随行为与领导和组织情境交互、创造追随效率的经验共识。研究发现，追随交互行为指向要体现对领导所思所求的针对性；追随方案（思路）要体现对解决问题的实用性；追随方式与策略要体现灵活开拓的创新性；追随交互表达要体现适时适场景的时效性；与领导互动要体现协同默契性，是精英追随者灵活应对动态组织情境满足领导工作差异化需求能动性的共性要求。这一结果可以解析为什么组织中有的追随者会得到领导赏识，并对领导变革产生积极影响，有的追随者却被领导漠视而难有作为；为什么同样的追随行为在有的场景中有效，有的场景中无效。在本土组织的上下级高权力距离、群体中高关系导向、集体氛围中个体的价值因群体而存在并在群体中体现的文化情境中，把追随行为目标指向领导的所思所求不失为明智之举，也最易获得领导支持，它是个体追随行为链中的首要环节。找准追随目标与动态组织情境的可联结切入点、强化追随方案（思路）对解决问题的实用性、开拓思维灵活创新交互方式与策略是个体追随行为链中的核心环节，直接关联着支持领导变革的行动效率，以及自我实现的水平。适时适场景地进行交互语言与操作表达，是灵活应对动态组织情境、提高交互行为效率的重要环节。强化与领导双向互动的协同默契性是追随者获得领导信任、赏识，发展上下级高质量交换关系的有效路径。虽然各行各业的实践形式、工作情境和绩效评价标准不同，但这五个典型特征反映了追随者与领导和组织情境能动交互的基本内在要求，体现了不同行业上下级交互行为特征的共性。这五维能动交互行为的典型特征是一个相互联系、相互制约、不可分割的整体，共同建构追随交互行为的有效性。

六、价值与意义

（一）理论价值

目前，追随理论比较关注追随概念内涵、影响因素及作用机制研究，很少有研究者关注追随行为如何有效操作的研究。本研究立足对本土精英追随者如何与领导和组织情境能动交互、创造追随效率的实践操作经验、智慧挖掘，并把他们的经验共识整合上升到理论层面，用以指导本土组织员工的追随实践，是本研究的理论价值之一。同时，本研究在充分采集精英追随者能动实践的共识经验基础上，成功开发了一个五维典型特征 20 个观测项的追随能动交互行为量表，为后续追随理论研究追随者的能动操作行为提供了一个具有较高信效度的测量工具，这是本研究的理论价值之二。目前，学界对行为有效性的研究还未有实质性突破，本研究对追随者与领导和组织情境能动交互行为的尝试性研究，可以为后续研究者探讨员工执行行为有效性提供启示与借鉴，这是本研究的理论价值之三。

（二）实践意义

可以说，业界人士对五个能动实践行为的内在要求都有程度不一的感受与认知。精英追随者与平庸追随者的最大区别是：精英追随者会把能动实践的基本要求转化为自觉行动，而平庸追随者的实践行为大多被情绪、爱好与惯性思维左右，这也是两者追随效率差异大的症结所在。本研究把精英追随者零散的实践经验整合为交互行为能动性的内在要求体系，可以为广大追随者创造追随效率提供能动行为的系统化参照点。同时，通过能动行为的系统化内在要求的整合理论传播与辐射，可以潜移默化地正向影响追随者能动实践的自觉性。本研究开发的能动交互行为量表可以为业界测量员工追随行为有效性提供工具，并为领导认知和解释员工绩效差异提供理论支持。

第五章　领导者与追随者关系的特征结构与测量

一、导言

领导者与追随者的关系是追随理论的研究基点。Sevier（1999）指出："在任何领导者与追随者的相关研究中，领导者与追随者的关系是基础，也是最重要的。"许多学者也阐述了类似的观点，"追随是以领导者与追随者人际关系为纽带的双向互动方式，追随者是否选择这种互动方式，以及领导者是否接纳和积极回应追随者，都会根据两者的人际关系抉择"（朱立言，2000）。"追随是一种人员导向的行为，这种行为建立了领导者与追随者之间的关系，从而为领导者和追随者锁定一个共同目标提供了环境"（Jehn & Bezruova，2003）。那么，领导者与追随者是一种怎样的人际互动关系，西方学者经历了家长与孩子、教师与学生、夫妻三种关系的认识渐进过程（曹元坤，2008）。Hollander（1992）认为，在领导的严密指导下，领导者与追随者的关系是一个封闭的系统，起初认为他们是家长与孩子的关系，追随者相对来说是无知的，是无法做出选择的。Fairfield（1999）通过对美军官兵关系的观察，从而把领导者与追随者的关系描述为教师与学生的关系。"老师鼓励课堂讨论，引出学生的观点，学生通过提供自己的想法在课堂互动，其结果是师生都各自得到提高"。他用同样的原理分析领导与追随者的关系，"好的领导积极向追随者寻求意见与反馈，好的追随者及时反馈信息和意见给领导，结果是领导者、追随者和组织三方都受益"。Sevier（1999）则认为："领导者与追随者就像丈夫和妻子，彼此既相互给予和舍弃，又相互尊重和信任，同时还有共同的方向。"三种比喻中夫妻关系更突出了领导者与追随者地位平等、目标一致、利益相联的关系特征。上述西方学者对领导者与追随者关系的比喻论述只是思辨性观点，都没有明确揭示两者关系究竟有哪些共性特征，也没有开发相对应的量表。国内学界也缺乏这组人际关系的系统研究。

本研究针对国内外学界这一研究薄弱点，探究中国组织情境中领导者与追随者关系的特征结构和开发相对应的测量工具。首先需要明确一个前提，在组织追随实践中，同时存在两类不同性质的追随：一类为追随双方意愿相同、情感相吸而产生的积极主动追随；另一类为追随者屈于领导权威和组织环境压力而被迫表现的强制消极追随（许晟，2014）。本书研究的是组织中基于互惠合作的积极主动追随关系。

二、关系特征的质化研究

质化研究按照 Farh、Zhong 和 Organ（2004）所论述的方法，分以下几个步骤来完成。

第一步，运用领导者、追随者两种开放问卷，以及半结构式访谈等方式，广泛收集实践源追随关系的典型特征信息。本研究在江西南昌市选择 20 家不同类型的行政及企事业单位，发出 300 份开放问卷，其中领导问卷 100 份，追随者问卷 200 份；回收领导问卷 85 份，追随者问卷 182 份；剔除各种问题问卷，得到有效领导问卷 83 份，追随者问卷 163 份，合计有效问卷 246 份。两类开放问卷收集典型信息 1218 条；半结构式访谈领导 6 人，追随者 10 人，收集典型信息 288 条，两种方式共收集典型信息 1506 条。

第二步，信息条目合并和精简。在修订信息表述的基础上，先删除其中与追随关系不紧密以及有歧义的信息条目，再进行条目的同类项、近义项合并，同时统计重复出现频次，接着再删除重复出现频次在 5 个以下的信息条目，使条目锐减为 138 个，最后将领导者、追随者两种视角的条目全部转换为双方综合视角的观测项。

第三步，观测项评审、归类与命名。本研究邀请 3 位管理学博士学友组成评审小组，共同对 138 个观测项逐项评审。评审内容包括观测项描述内容的单一性和准确简洁性、与追随关系的紧密性以及观测项之间的明显可区分性等。评审只有 42 个观测项获得一致通过。接着由 3 位博士在不准相互沟通的前提下，分别对 42 个观测项进行归类与命名。随后集中评审，先由 3 位博士阐述各自如此归类与命名的理由，再由 3 人共同对有争议的归类与命名进行讨论，最后 3 人一致通过将 42 个观测项归属在 6 个特征因素上，并命名为目标相同、利益相联、认知相近、情感相融、忠诚相依、行为相助。

第四步，领导者、追随者联席座谈审议。本研究邀请了部分企事业领导和追随者座谈，并将所得 6 个特征 42 个观测项打印给参会者，请他们审议所有观测项描述、归类与命名的准确性，并对遗漏的追随关系典型特征进行补充。联席会议基本一致认同 42 个观测项的描述和归类与命名。

三、特征结构的探索检验

（一）先导性预测探索

本研究将质化研究的 6 个因素 42 个观测项编制为预测问卷，向 10 个不同行政、企事业单位发出 300 份预测问卷，回收有效预测问卷 256 份。先进行观测项的 *CR* 值分析，分析结果显示，有 9 个观测项的 *CR* 值没有达到统计学建议值，应删除。随后进行探索性因素分析，统计结果显示，因素载荷没有按预期构想呈现出6因素结构，而是5因素结构，忠诚相依因素的7个观测项有3个负载在情感和利益因素上，有4个观测项为低载荷和多重载荷，说明信任和忠诚的实质是一种情感与利益的相融相联。同时，目标相同、利益相联、认知相近、情感相融、行为相助5个特征因素上也有部分低载荷和多重载荷。本研究将所有低载荷、多重载荷和低 *CR* 值的观测项全部删去，只保留22个符合测量学要求的观测项，分载在目标相同、利益相联、认知相近、情感相融、行为相助5个特征因素上。

（二）特征结构的再次探索

1. 研究样本

本研究将经过预测探索所得的5因素22个观测项编制为正式量表，在江西南昌市选择40个不同类型的行政、企事业单位抽样。发出问卷1000份，回收957份，剔除各种问题问卷，有效问卷885份，其组织学特征（%）：行政15%、事业20%、生产加工企业30%、营销服务企业35%。其人口学特征（%）：男性54.5%，女性45.5%；年龄30岁及以下38.8%，31～40岁42.8%，41岁以上18.4%；高中及以下23.1%，大专36.1%，本科35.6%，研究生5.2%；有职务员工20.5%，无职务员工79.5%；工龄5年以下28.3%，5～10年35.4%，10年以上36.3%。问卷采用Likert五级自陈测量，1=不认同，5=完全认同。本研究将885份有效问卷随机分为两组，一组 $N=440$ 用于特征结构的再次探索分析，另一组 $N=445$ 用于量表的信效度检验。

2. 再次探索性因素分析结果

运用 SPSS 15.0 统计软件，首先进行因子分析的适合性检验，结果显示：此组样本 *KMO* 值为 0.806，球形检验 $\chi^2 = 984.28$，符合因子分析条件，然后采用最大方差主成分分析，并对所得因子进行 Promax 旋转，提取特征根大于 1 的因子，所得结果如表5－1所示。

表 5－1　领导者与追随者关系特征结构的探索性因子分析结果（$N = 440$）

序号	观测变量	结构因素					共同度
		目标相同	利益相联	认知相近	情感相融	行为相助	
1	追求组织发展是我们的共同目标	0.850					0.827
2	追求组织发展是我们的坚定信念	0.797					0.782
3	追求组织发展，我们默契合作进取	0.763					0.751
4	追求组织发展，我们创新履行职责	0.813					0.804
5	组织目标旗帜下我们彼此利益相联		0.875				0.858
6	组织目标旗帜下我们追求共同利益		0.823				0.811
7	组织目标旗帜下我们创造共同利益		0.796				0.784
8	组织目标旗帜下我们维护共同利益		0.885				0.868
9	我们对许多工作问题能达成共识			0.784			0.768
10	我们对许多事物的感受体验相似			0.741			0.725
11	我们解决问题的许多方法很接近			0.702			0.690
12	我们解决问题的求实态度相一致			0.795			0.782
13	我们信守伦理情操，进行情感互动				0.754		0.736
14	我们的人格特征相容，有共同语言				0.702		0.693
15	我们平等合作、彼此忠诚、感情融洽				0.744		0.728
16	我们常常进行情感沟通，增进相互信任				0.699		0.681
17	追随者带头执行领导的决策指令					0.827	0.807

续表

序号	观测变量	结构因素					共同度
		目标相同	利益相联	认知相近	情感相融	行为相助	
18	领导全力为追随者的工作排忧解难					0.794	0.782
19	领导开明，接纳追随者的建言献策					0.803	0.786
20	追随者技巧挑战领导的工作失误					0.714	0.703
21	追随者创造岗位业绩，支持领导者					0.813	0.801
22	领导者积极支持追随者自我实现					0.706	0.692
特征根		3.573	3.724	3.318	3.050	3.265	
方差解释率（总体方差解释率为72.87%）		16.78	14.29	13.65	14.22	13.93	

注：因子载荷小于0.35的值在本表中未显示。

3. 特征结构的相关与二阶因素分析

为了澄清5因素结构的关系，先进行相关性统计，结果显示，5个因素呈中度相关，系数为0.411～0.506，如表5－2所示。

表5－2　5个特征因素的相关矩阵（$N=440$）

特征因素	目标相同	利益相联	认知相近	情感相融	行为相助
1. 目标相同	(0.798)				
2. 利益相联	0.487***	(0.833)			
3. 认知相近	0.434**	0.453**	(0.782)		
4. 情感相融	0.449**	0.409***	0.473**	(0.807)	
5. 行为相助	0.428**	0.428**	0.411**	0.506**	(0.793)

注：**表示 $p<0.01$，***表示 $p<0.001$，对角线括号内为AVE值。

然后进行5因素的二阶因素分析，LISREL统计软件的拟合结果显示：二阶因子分析模型的 $\chi^2/df=2.545$、$GFI=0.936$、$NFI=0.927$、$CF1=0.919$、$IFI=0.941$、$RMSEA=0.042$、$PNFI=0.803$，

均优于建议值，表明二阶模型拟合优佳，证实 5 个因素归属同一个高阶因素，即领导者与追随者的关系。其参数如图5 －1 所示。

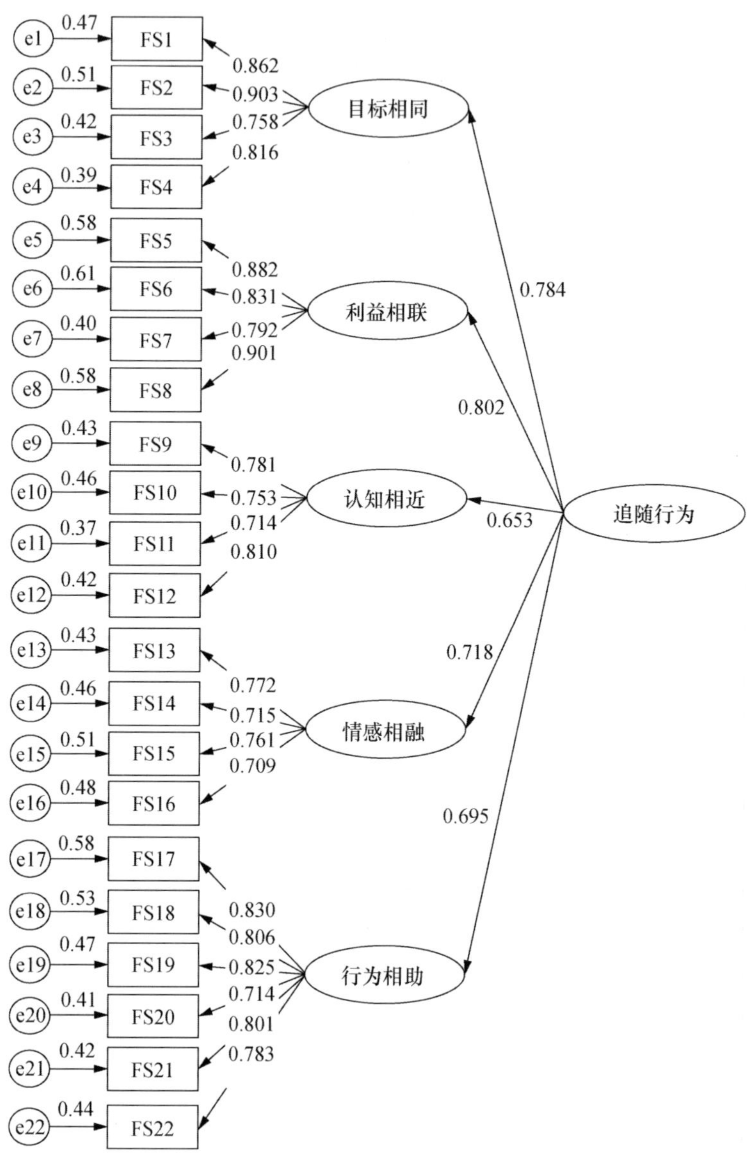

图 5 －1　二阶因素分析模型完全标准化解（$N = \mathbf{440}$）

四、特征量表信度、效度检验

（一）量表的信度检验

信度指测量结果的可靠性水平，它是反映心理测量中随机误差率大小的指标。信度检验本研究第一步运用 LISREL 9.0 软件对第二组样本（$N=445$）进行统计分析，结果显示总体结构的分半信度为0.812，一致性 α 系数为0.841，5 个结构因素的分半信度为0.778～0.826，一致性 α 系数为0.782～0.833，符合测量学对信度的要求。第二步进行观测项与总分的相关分析，考量观测项的增减是否会引起结构信度波动。分析结果显示：22 个观测项与总分的相关系数为0.508～0.684。删除任何一个观测项都不会引起结构信度向上波动，两项统计分析证实，本书开发的量表具有较高的信度。

（二）量表的效度检验

效度指量表是否确实能够测量出所欲测量的特质或功能程度，它是一个多层面的构念。本研究将从 4 个方面检验量表的效度。

1. 内容效度

本量表 5 维结构 22 个观测项是从实践源和文献源所搜集来

的1506条原始信息、通过严格规范的质化筛选程序提炼的，所有观测项在原始信息中均有重复出现18～49个频次的记录。经过多次征求几十个不同类型企事业领导与追随者的修改意见，一致认为5维22个观测项描述简洁、清晰和易理解，全面概括了他们对领导与追随者关系特征的认知。同时也获得多位管理学专家和人力资源实务管理专家的认同。综合表明本量表具有很好的内容效度。

2. 结构效度

结构效度是指构念有可能包含多种不同的结构维度，用结构方程模型对多种不同维度的结构进行相互比较，以检验基于理论建构的构念结构是否最优。本研究以五维度结构为基准模型，另外增设三维度模型（目标相同和认知相近合并、利益相联和情感相融合并，再加行为相助），单维度模型（即把五个因素看作一个维度），以形成三个用于比较的竞争模型。通过验证性因素分析，三个模型的主要拟合指数如表5－3所示。

表5－3　特征结构效度的验证性因素分析（$N=445$）

竞争模型	χ^2/df	*GFI*	*AGFI*	*NFI*	*IFI*	*CFI*	*RMSEA*	*PNFI*
五因素结构	2.631	0.935	0.942	0.928	0.934	0.953	0.042	0.806
三因素结构	4.504	0.802	0.781	0.798	0.798	0.801	0.075	0.695
单因素结构	3.143	0.827	0.803	0.815	0.815	0.812	0.692	0.736

从表5－3可以看出，五维结构模型的各项拟合指标均达到优佳建议值，胜于其他两个模型，表明本研究的五维结构具有较高的结构效度。

3. 收敛效度

本研究从两个方面来检验量表的收敛效度：一是计算各维度的 *AVE* 值。本量表各维度的 *AVE* 值在 0.58～0.67，超过了 0.50 的建议值。二是使用确认性因子分析方法，运用 LISREL 9.0 软件，对量表各维度观测项进行检验，结果显示：所有观测项在对应维度上的标准化载荷为 0.66～0.87，超过了 0.50 的可接受水平，并全部通过 t 检验，均在 $p<0.01$ 水平上显著，两个方面的数据都证实本量表具有很好的收敛效度。

4. 区分效度

本研究从两个方面来评估量表的区分效度：一是本量表五维结构的所有观测项通过多次探索分析，均没有跨因子载荷（0.35 上限）的现象。二是本量表各维度的 *AVE* 为 0.58～0.67，各维度的相关系数为 0.411～0.506，各维度的 *AVE* 值均大于维度间的相关系数，两个方面都证实本量表具有较好的区分效度。

五、分析讨论

（一）我国企事业单位上下级对应关系的历史演变

领导与下属对应关系的发展变化总是与一定的社会文化和经济形态演变相联系的。潘汛枫（2009）在总结前人对关系研究的基础上，将关系界定为“人与人之间为了获取社会资源，基于血缘、地缘或社会交往而形成的一种情感契约……关系的内涵包含三要点：①关系是一种非正式、二元人际之间的情感与利益的联系和结盟；②关系存在的基础是双方持续互惠互利的行为，该行为不仅受制度和道德约束，更多的是受双方的隐性心理契约的约束；③关系存在的目的更多的是工具性”。我国企事业单位领导与下属的关系经历了三次发展演变。在计划经济时代，企事业单位只是贯彻上级指令指导计划的载体，实行的是科层管理体制和等级工资制。因而领导与下属处在一个相对封闭的系统，他们是控制与被控制的从属关系，追随者只要听命指挥、忠实执行即可。随着我国改革开放序幕的拉开和计划管理体制的瓦解，以及等级工资制度的打破，我国的企事业单位都在积极探索一条适应市场经济的发展之路。打碎“大锅饭”和“铁饭碗”，“按劳取酬，多劳多得”等改革政策的出台，使人们的劳动积极性被充分激活，推动着企事业单位领导与下属的关系朝着贡献和利益交换的方向转化。伴随着我国社会主义市场经济体制的逐步成熟完善和经济的全球化，科学知识与信息已成为极为重要的生产力。同时，竞争的多元化、复杂化和多变性，使组织内大量原由领导指导下属各自完成的工作转化为需要领导授权团队灵活合作才能有效完成。下属在一线自我学习、自我领导，灵活应对竞争变化与挑战的能动性、创造性直接影响组织成败的权重不断上升（Brown，1996）。“追随者在追随组织利益和价值过程中的合作者、参与者、共同领导者、共同拥护者”（Dixon & Westbrook，2003）的重要地位和作用日益凸显，使领导与追随者关系不再局限于贡献与利益的交换，而基于共同目标导向的互惠合作关系建设已成为组织求发展的必然选择。

（二）典型特征的相关理论支持

通过预测、再测数据的探索性因素分析和结构信效度检验，支持了目标相同、利益相联、认知相近、情感相融、行为相助五特征结构模型，本研究现将此特征结构与国内外已公开发表的相关理论观点相对照，以检验五维特征是否得到相关理论支持。

1. 目标相同

目标相同指领导者与追随者的追求与信念统一在共同的组织发展目标旗下。Stech（2002）认为："追随并非追随者对权力的盲从，而是追随者主动回应领导力，愿意为所感知到的共同目标而努力工作的行为互动。"Jehn 和 Bezrukova（2003）指出："追随是一种人际关系导向的行为，这种行为为领导者和追随者锁定一个共同目标提供了环境。"Chaleff（1995）指出："追随者与领导者分享同一个目标，因为组织目标的实现与他们的利益和职业发展息息相关。"学者的上述观点是对本关系特征强有力的支持。

2. 利益相联

利益相联指领导者与追随者双方利益一致和彼此互惠互利方面的特征。Gilbert 和 Matriuk（2008）倡导："改变现有追随者与领导者的关系，建立更加开放的、动态的、双向的新型上下级合作关系，这种关系的基础是'互惠'。"国内学者潘汛枫（2009）更直接指出："利益链是人与人相互结成联盟的纽带，只有彼此利益相联，才会关系默契、合作紧密。"Gardner（2005）指出："追随者感知到自己的利益与他们领导的利益相一致时，追随者才会自觉支持与维护他们的领导。"学者对利益关系的观点有力支持了追随关系的这一特征。

3. 认知相近

认知相近是指追随者与领导者在认知角度、认知选择与认知体验等方面彼此相容的特征。Howell 和 Shamir（2005）指出："勤于独立思考的追随者，善于分享和认同领导者的价值观和思维方式，主动达成与领导认识上的一致，他们更易进入领导的内心世界。"曹元坤（2011）认为："追随者与领导者在认识上的距离必然导致他们之间关系的距离。"朱立言（2000）也指出："在中国上下级高权力距离的组织情境中，追随者只有主动谋求与领导在观念和认知上的一致，才能拉近双方因权力而形成的距离，建立高质量的互信关系。"学者的相关论述是对追随关系中认知相近特征的有力支持。

4. 情感相融

情感相融指追随双方彼此在忠诚互信、情感融洽等方面的意识与情操的相容性特征。Ehrhart 和 Klein（2001）在下级对上级的偏爱中发现"相似相吸"现象。当追随者与领导者有着共同的自我概念和彼此情感附着时，更容易产生积极追随（Padillan, Hogan & Kaiser, 2007）。Vugt 等（2008）研究发现，追随者与领导者在伦理情操、人格特征以及情感体验、情感取向等方面有较高的相容性，更易发展彼此忠诚互信的人际关系。Blign 和 Hess（2007）认为："在中国组织情境中，部属对组织的情感、忠诚往往是通过对领导人格权力的尊重和忠诚来体现。这种尊重与忠诚不仅能融洽部属与领导的情感，并能赢得领导回馈的更多信任、支持与关照。"学者的上述观点诠释了追随关系的情感相融特征。

5. 行为相助

行为相助指追随双方基于人际关系所表现在组织实践中彼此

用实际行动支持与配合对方工作的行为特征。Carsten（2007）指出："追随行为是针对领导者而言的，是帮助领导承担工作责任，与领导有效沟通，协助领导者解决问题的行为。"Challef（1995）指出："追随者在支持他们的领导时，应该了解领导对他们有什么期望，并努力用实际行动达成领导者的期望。"Kellerman（2008）也指出："领导力并非领导者的个人动机，它只有在支持他们的追随者时，与追随力相互融合，才有领导有效性。"曹元坤（2011）认为："领导的职能就是支持与赢得追随力。"学者的上述观点解读了追随关系中领导行为与追随行为彼此互助的基本特征。

（三）典型特征的中国文化情境解读

在中国组织情境中，上下级之间存在着高权力距离（Chen & Franccsco，2000）；群体中高人际关系导向（Fei，1992）；集体文化的重要特征是"把人理解为类的存在物，个体只是群体的一分子，重视个体的社会价值，个体的价值意义因群体而存在并在群体中体现"（徐行言，2005）；同时，传统文化、改革开放的时代文化，以及伴随改革开放渗入的西方文化相互交织、相互碰撞，构成中国组织特有的文化氛围。

面对全球化市场竞争激烈的新形势，求生存求发展无论对领导者还是追随者都是第一位的。互惠合作正是顺应竞争需要而推出的新型上下级关系，五维典型特征高度概括了这种新型关系的丰富内涵。其中目标相同是追随关系的主导特征，既主导追随者职业发展和自我价值实现的方向，又主导双方心理契约的建设，使追随关系明显区别于单纯的利益交换关系，提高了追随关系对追随者在组织中许多非利益动机，而是出于目标信念等不图回报公民行为的解释力。利益相联是追随关系的纽带。虽然领导者、追随者在组织中的利益取向和需求水平并非一致，但双方的利益都系于组织目标的实现。本书的利益相联是指组织目标把领导者、追随者的利益捆绑在一起。这一特征是追随关系与不择手段谋求个人不当利益庸俗关系的根本区别。认知相近是追随关系的基础，反映了追随双方相互选择与认同的基本要求。没有认知相近，就难有共同语言和相似的取向选择，也就无法建构目标相同、利益相联、情感相融、行为相助的追随关系。情感相融是追随关系的黏合剂，指追随双方在平等、尊重和互信基础上的人格与情感的相互认同与融洽，是有职业操守底线的。它有别于现实生活中无底线的情感互换。行为相助是追随关系建设的落脚点。因为只有行为才能甄别双方关系的真伪，只有行为才能创造追随绩效。本书既关注追随者在常态中用实际行动支持与配合领导工作，又关注领导对追随者的积极回应；同时还关注追随者在非常态中对领导者工作失误的挑战。因为领导是人不是神，也会有决策失误和行为失控的时候，技巧挑战领导的错误是追随者忠于组织、忠于领导的表现，也是追随者对组织的一种贡献。从能动反作用视角认知追随关系的行为特征，使互惠合作的追随关系明显区别于传统的上下级从属关系和利益交换关系。

上述五维典型特征是一个不可分割的整体，反映了中国集体文化和改革文化对上下级互惠合作追随关系建设的内在要求，也是中国组织的领导者、追随者求生存、求发展的共同选择，体现了新的竞争形势下上下级互惠合作关系建设的发展方向。

（四）本书观点与西方相关观点的内涵差异

虽然追随理论研究起源于西方学界，可西方学界却缺少领导者与追随者关系特征的系统研究。西方研究者对追随关系的观点分别散落在各类不同内容的研究文献中。笔者在广阅西方追随理论研究文献基础上，将西方研究者对追随关系的主要观点归纳整合为目标共享（Chaleff，1995；Stech，2002；Jehn & Bezrukova，2003）、互惠互利（Sevier，1999；Gilbert & Matviuk，2008）、自我概念相似（Gardner，2005；Depree，1992）、彼此情感附着（Padillan，Hogan & Kaiser，2007；Vugt et al.，2008）、支持和挑战领导工作（Carsten，2007；Kellerman，2008）五个方面。从本书与西方追随理论研究者的主要观点看，两组追随关系特征在描述上有较大的相似性，但只要仔细分析，就不难发现两组观点的实质内涵有着很大差异。其一，解读追随关系的文化导向不同。本研究以集体人文文化为导向认知和解读追随关系，西方学界则以功利文化为导向认知和解读人际追随关系。中国集体文化的重要特征是"个体只是群体一分子，个体的价值意义因群体而存在并在群体中体现"（徐行言，2005），注重关系的双方心理契约建设。西方文化的重要特征是个人利益至上，西方伦理学家斯宾诺莎的观点是"一个人愈努力并愈能寻求他自己的利益或保持他自己的存在，则他愈有德性；反之，只要一个人忽略他自己的利益或存在，则他便是软弱无能"（周辅成，1987），注重关系的工具性利用。所以 Kellerman（2008）赤裸裸地表述："追随者之所以追随领导，甚至追随糟糕的领导者，主要是基于个体利益和群体利益考虑。"其二，解读追随关系的角度不同。追随是一种对应的人际双向选择与互动，只有从领导者与追随者的综合视角出发认知其内涵，才能得到真实反映领导者与追随者关系的典型特征。西方研究者多从追随者的单向视角来认知追随关系。如“彼此情感附着”关系观点是 Ehrhart 和 Klein 从追随者对领导者的偏爱视角提出的。“支持与挑战领导工作”是 Carsten（2000）等从追随的能动反作用视角提出的。就连“‘目标共享’、互惠合作”特征也是 Sevier 和 Chaleff 针对追随者的发展和利益需要视角提出来的。西方学者很少从领导如何选择、接纳追随者，以及如何对追随行为做出反应的心理视角来阐述追随关系观点。本研究克服了西方学者的认知偏向，并从领导者与追随者的两种开放问卷与访谈中发现，领导者与追随者对追随关系内涵的认知侧重点各有不同，领导者更关注双方的目标相同、认知相近，以及追随者的实际支持行动；而追随者更关注双方的利益相联、情感相融及领导者对追随行为的积极反应。例如，认知相近这一特征，在 163 份追随者有效开放问卷中，只有 2 个频次的出现，而在 83 份领导有效开放问卷中，却出现 47 个频次，如果仅从追随者视角探讨，就很难发现这一典型特征。其三，解读追随关系特征的方法不同。本研究对追随关系特征的挖掘来源于真实的组织追随实践，是追随双方主体的共同体验与感知心声，并通过严格的质化研究筛选和规范的实证统计分析与检验，其结果是可靠的。西方研究者对追随关系特征的观点，基本来源于研究者的主观认知。从严格意义上说，西方学者的目标共享、互惠互利、自我概念相似、彼此情感附着、支持与挑战领导者工作观点，实质是对追随关系建设的倡导性要求，并不等同追随关系特征，而且这种倡导性要求并未通过实证检验，缺少可信度，只能是一种期望。

第六章　诱因一，个体人格差异对追随行为的影响

一、导言

在知识与信息已成为重要生产力的今天，组织结构的扁平化使组织变得越来越开放。面对“优胜劣汰”“不进则退”的生存法则，组织发展越来越依赖领导者的凝聚力与员工向心力所形成的内在驱动力。组织是由离散的个体在目标导向下聚集构建的群体，而个体由于先天禀赋、后天环境及所受教育等因素不同，个体具有不同的人格特征。本章重点探讨导向员工追随行为差异发生的诱因一，即个体人格特征差异对员工追随行为发生的不同影响。追随是员工与领导者和组织情境交互作用的多维特质与行为（曹元坤和许晟，2013）。这里的多维特质是指人格特质。由于个体的先天潜质、后天成长环境和所受教育的程度不同，形成千差

万别的个体人格特征。不同的人格特征对社会多元文化的认同差异，会导致其价值取向、思维方式和行为方式的不同。Goldberg（1990）提出了由神经质、外向性、开放性、宜人性和尽责性组成的大五人格模型，这一模型主要是基于个体的先天潜质与禀赋建构。随着后续对人格特征研究的深化，学界研究者从个体对文化认同的差异与组织行为表现出特征不同的全新视角，将个体人格特征区分为主动性人格和传统性人格（Bateman & Crant，1993；杨国枢，1991），这样区分有利于探讨个体人格特征与其组织行为的关联。本章不探大五人格与员工追随行为的关系，只探讨主动性人格、传统性人格对员工追随行为发生的差异影响。

二、相关理论

（一）主动性人格与传统性人格

人格特征是个体先天潜质与后天成长过程中所形成的稳定的独特秉性、气质与倾向特征。Goldberg（1990）提出了由神经质、外向性、开放性、宜人性和尽责性组成的五大人格模型，这一模型主要是基于个体的先天潜质与禀赋建构的。随着对人格特征研究的深化，研究者从个体对文化的认同差异与组织行为表现特征的不同视角，将个体人格特征区分为主动性人格和传统性人格（Bateman & Crant，1993；杨国枢等，1991）。主动性人格是指个体不受情境阻力的制约，不断探求新的路径和捕捉有利机遇，主动采取行动改变外部环境的意识倾向，是影响主动性行为的个体特征（Bateman & Crant，1993）。传统性人格是指个体受传统文化影响所形成的一套系统的认知态度、思想观念、价值取向、气质特征与行为意向（杨国枢，1991）。

Campbell（2000）总结了主动性人格五个方面的核心特征：①能够胜任自己的工作，展现出较高的能动创造力和解决问题的能力；②具有人际亲和力和协调能力及影响力；③具有较强的工作责任心，表现出较高的组织认同和组织承诺；④拥有积极开拓进取的品质和高水平的工作投入；⑤正直诚信，并具有更高的价值追求。杨国枢（1992）的实证研究显示，华人的传统性人格具有五个典型特征，即：①遵从权威，强调在各种角色关系与社会情境中，应遵守、顺从、尊重及信赖权威人物；②孝亲敬祖，强调晚辈要尊重和孝顺父母和敬祭祖先；③安分守己，强调自守本分，不作非分之想，以及逆来顺受，接受现实，不谋求变革等；④宿命自保，强调少管闲事，少惹是生非，注重自身利益与安全的保护；⑤男性优越。

（二）促进型与防御型调节焦点

调节焦点理论（Regulatory Focuses Theory）是 Higgins（1997）在自我差异理论基础上提出的。该理论从人趋利避害的本能出发，构建了个体两套基本的行为动机的自我调节体系。一套是个体趋利的促进型调节体系，它对奖励获取行为进行正向调节，使个体关注积极目标；另一套是个体避害的防御型调节体系，它对惩罚规避行为进行正向调节，使个体关注消极目标。持促进型调节焦点的个体追求“理想自我”，关注愿望与成就；持防御型调节焦点的个体固守“应该自我”，关注责任与义务。该理论的重要观点是：调节焦点不同的个体会有不同的感知与体验。促进型调节焦点占主导的个体更关心积极目标的实现，他们对能否获得成功与奖励更为敏感，常会采用促进型方式与策略接近目标，在解决问题的过程中更富有开拓性，面对困难和风险敢于迎难而上，其情绪跨度是“兴奋—沮丧”。防御型调节焦点占主导的个体更关心职责与义务，对是否会失败和受到惩罚更为敏感，常用防御型方式与策略接近目标，其情绪跨度是“激动—平静”。个体促进型动机调节焦点源自强烈的理想，“获得—无获得”的情境构成和成长需要的激活；而防御型动机调节焦点却源自强烈的义务，“无损失—损失”的情境构成和安全需要的激活（Higgins，1997）。调节焦点理论另一个重要观点是：个体的促进型、防御型调节焦点是由特质调节焦点和情境调节焦点交互构成的。特质调节焦点是个体在成长过程中形成的个体倾向，一般不会发生改变。情境调节焦点是一种即时性的调节焦点，主要由外在因素和任务框架的信息线索所诱发。个体如何调节自身特质会受情境因素制约。个体的促进型调节焦点和防御型调节焦点都是相对的，它会随着动态情境的变化而相互转换（Higgins，2000）。

调节焦点理论是动机理论的新发展，客观反映了个体特征与外在情境交互作用影响行为的心理活动过程，揭示了个体追随取向选择分化和行为表现差异的症结所在，是探讨个体人格特质与多形动态追随行为的有效切入点。

（三）领导—下属交换（LMX）

领导—下属交换（Leader - Member Exchange）是在 VDL 理

论基础上引申出来的一种新型领导理论，其内涵有情感、忠诚、贡献和专业尊敬四维度。该理论认为，在任何一个组织中，各层级领导和其下属之间都存在着非正式的、比较稳定的社会交换过程。这个社会交换过程是通过垂直对子联结（Vertical Dyadlinkage）的模式表现出来，即领导与下属之间所形成的是垂直的、一对一的、互惠式的对应关系（Graen & Cashman，1975）。其主要观点是：由于时间、精力、环境和组织资源等所限，领导在工作中会区分不同的下属，分别与他们建立不同类型的交换关系。其中，领导会与下属中的一部分人建立相对特殊的关系，这些下属便成为领导的“圈内成员”（In - group），他们会得到领导较多的信任、支持和授权，以及更高的报酬与升职机会。其他下属则被视为“圈外成员”（Out - group），与领导的关系只能局限在组织规则的范围内（任孝鹏和王辉，2005）。该理论强调领导与下属之间的双向选择与互动水平决定着上下级交换关系的质量。LMX 理论比较系统地研究了上下级之间动态的对应关系，而且，独特地采用了上下级之间的对偶关系作为分析的焦点，并强调领导下属之间关系建设与发展的重要性，以及这种关系对个体态度、行为和绩效的影响，为本研究找到了实证依据（杜红和王重鸣，2002）。

（四）组织公平感知

组织公平感知是行为心理学的重要成熟概念。组织公平是组织成员对组织在劳资关系等方面的期望，可划分为两个层面：一是组织层面，即组织公平的客观状态，主要指组织是否不断完善和发展各种公平制度，建立相对应的公平程序与措施来保障组织公平的实施。二是员工个体层面，即员工对组织是否公平的客观感受。由于每个人对需求度的掌控水平不同，因而组织中的公平是相对的（姚艳虹和韩树强，2013）。

组织公平主要有分配公平、程序公平、人际公平、信息公平四个维度。分配公平主要指组织给付员工的报酬是否与其所做的贡献相对平衡；程序公平主要指组织中的重要决策是公开透明、充分发扬民主还是暗箱操作，程序公平会直接影响员工对结果公平的感知；人际公平主要指组织领导对所有员工是否一视同仁，不搞宗派和小圈子；信息公平主要指员工在组织中应有的知情权是否得到尊重和满足，员工是否能够及时分享各种应知的组织信息。员工对这四种公平的主观感知，会直接影响其追随领导工作的态度、行为选择及行为绩效。对于与领导只有低 LMX 的员工来说，这种影响更为明显。

（五）积极主动与消极被动追随行为

追随行为是追随理论研究的着眼点。曹元坤和许晟（2013）认为，追随行为是追随者与领导力和组织情境能动交互的行为。Uhl－Bien（2014）、赵慧军和席燕平（2013）指出，追随行为是指组织中追随者与领导者互动过程中相对稳定的行为方式与表现。Carsten（2010）从追随者职责角度指出，追随行为是追随者帮助领导者承担工作责任的行为，是与领导有效沟通的行为，是协助领导者解决和处理问题的行为。追随行为与自身工作职责及同事互动无关，而只与领导者相关。Kellly（1992）、Chaleff（1995）、Banutu（2004）、Carsten（2007）将组织中形形色色的追随者行为分别区分为勇敢、有效、模范、主动等积极类行为和盲从、疏离、旁观、冷漠等消极类行为。曹元坤和许晟（2013）认为，为了便于研究和考察差异，可将多种不同类型的追随行为直接区分为积极主动和消极被动两大类，并对两类不同性质的追随行为典型特征作了简要描述：积极类追随者具有独立、批判性思维和承担责任的勇气，敢于提出和接受各种不同的建设性意见，富有变革意识和开拓进取精神，积极参与和能动执行领导决策，自我领导能力强，行为类似领导。消极类追随者缺乏独立思考和担当责任的勇气，盲从领导，注重自身利益与安全，很少关心组织发展，思想僵化，行为保守，缺乏与领导的双向互动。追随理论的重要观点是：一方面，追随者如何选择追随方式和表现追随行为，与他们对组织公平感知，与领导的行为引导、激励以及相互关系的积极反馈等密切相关；另一方面，领导者的决策、组织指挥及效能又依赖于追随者的认同态度、积极反馈和工作投入程度。

三、变量假设

（一）个体人格特征与追随行为

人格特征理论告诉我们，由于个体的先天潜质、后天受教育程度以及文化观念认同与成长环境的差异，因而形成个体独特的人格特征。对于个体人格特征与其行为的关系，学界有两种类型的研究，一是基于五大人格特征与行为关系的研究；二是从组织行为不同的表现特征视角，把个体人格区分为主动性人格和传统性人格，分别研究基于时代文化主导和传统文化主导的这两种人格特征与行为的差异关系。追随行为是员工追随领导者工作的多类组织行为，包括支持领导决策的反馈行为和建言行为；执行领导决策的角色内变革创新的执行行为和角色外的组织公民行为（罗文豪，2015）。Dvir 等（2002）通过纵向实证研究和群体水平分析，结论是追随者的自我实现需要、组织价值观内化程度、组织认同、集体主义倾向、任务参与度、独立思考方式、自我效能感均与个体的人格特征密切相关。对主动性和非主动性人格者常态下的典型行为特征，Bateman 和 Crant（1993）通过比较研究证实，主动性人格者较少受环境和困难制约，而是主动适应并积极改变环境；他们能有效识别和及时抓住有利机遇，采取一系列主动性行为挑战困难和环境，直到能带来有意义的改变；他们是传达组织使命、发现并解决问题的先行者，并影响着周围的世界。非主动性人格者却表现出相反的行为特征，他们在困难面前畏缩不前，消极地适应环境，甚至为环境所塑造；他们无视有利机遇，也很少抓住机遇来做出改变。对高低传统性人格者，Farh 和 Liang（2007）指出，高低传统性人格者的行为差异，根本原因是高传统性人格者多基于传统的社会角色义务（Social Role Obligation）；而低传统性员工则遵循诱因—贡献平衡（Inducement - Contribution Balance）的原则来选择行为取向。可见，主动性人格者与传统性人格者主导行为取向选择的文化观念截然不同。本研究推测，主动性人格对个体的积极追随行为具有显著的正向影响；传统性人格对个体的被动追随行为具有显著的正向影响。理由如下：追随者特质理论指出，与领导积极互动的追随者多为主动性人格者，他们以实现组织目标为导向，自我实现为动力，敢于提出和接受各种不同的建设性意见，具有较强的变革开拓意识，能够积极参与领导决策和能动执行决策（Banutu，2004）。用积极主动的追随行为证明他们是“具有才智的、独立的、勇气的、强烈道德及责任感的人”（Kelly，1992）。Campell（2002）研究揭示，主动性人格的个体一般具有工作胜任力、人际亲和力、工作责任感、进取精神和正直诚信等内在品质，这些品质能支撑主动追随者积极追随领导工作的心理与行为。相关研究证实，个体的开拓创新行为与主动性人格密切相关（逄建涛和温珂，2017）。主动性人格有助于提升个体追随力和表现更强的组织公民行为（盛文楷和肖光荣，2016）。主动性人格的个体更关心组织的成败，他们对组织发展中出现的问题很少保持沉默，而是为领导决策积极反馈信息和提供建言（段景云和张倩，2012）。传统性人格的个体具有遵从权威、安分守己、宿命自保等心理与行为特征，他们受传统文化的深刻影响，倾向角色规范行为而非自主意识行为。因此，角色规范下的责任与义务往往成为传统性人格个体参与组织活动的核心（姜定宇和郑伯埙，2003）。相关研究显示，具有宿命自保的传统性人格者，为了自身安全与利益不受到损害，他们缺乏批判性思维和承担责任的勇气，对组织事务常常会保持沉默、谨言慎行与盲目顺从（段锦云和张倩，2012）。Carsten 和 Uhl – Bien（2013）的研究也发现“高传统性的追随者，倾向被动顺从领导，有时会盲从接受领导有悖伦理的指令而表现不伦理的行为”。基于以上分析，提出下面研究假设：

H6－1：个体的主动性人格导向其积极追随行为；传统性人格导向其被动追随行为。

（二）调节焦点的中介作用分析

行为心理学理论告诉我们，人的行为是由动机导发、支配和维持的，动机是人的心理因素与外部环境因素相互作用产生的内部需求。传统性人格、主动性人格是个体受不同文化的长期影响所形成的具有倾向性的内在特质。特质激活理论（Trait Activation Theory）的核心观点是：个体特质潜藏在生命机体中，只有受到外部环境中线索的启动，并获得与环境及自我需要相适应的感知评估时才会被激活，从而用行动表现出来（Tett & Burnett，2003）。这里的自我需要就是动机，感知评估就是个体动机萌动与行动取向选择的心理活动。潜藏在生命机体中的主动性人格特质、传统性人格特质并不会直接导发个体行为，因为人的正常行为都是有思维意识的行为，一定情境中鲜明的目的性才是人行为的主导与动力。个体的主动性人格特质、传统性人格特质被外在情境线索启动与激活后，首先是催生行为动机，以及动机取向选择和追求动机的方式与强度的掌控，使人有了明确的动机目标与掌控追求目标强度的方式与策略后再影响外显行为。

在动态而又复杂的组织情境中，面对各种有利与不利的情境因素，员工如何行动往往有多种选择。调节焦点理论从人趋利避害的本能出发，把个体的多种选择概括为趋利取向选择和避害取向选择两大类。调节焦点是指在不确定性情境下，个体如何聚焦与调节内在特质、外在情境因素、自我需要与行为关系的焦点，以求四者相对协调，在此基础上抉择行动目标、方向与方式。在这四者关系中，人格特征是个体在先天潜质与后天成长过程中所形成的较为稳定的内在特质的倾向性，这种倾向性对个体动机焦点调节的心理活动具有导向作用。Lam 和 Huang（2007）研究了不同人格特征与动机调节焦点的关系后指出，主动性人格者具有不甘心被动接受环境制约、积极探求新的路径和及时捕捉有利机遇、主动采用变革行为改变外部环境和追求预期目标的鲜明倾向，对个体的促进型调节焦点会产生积极的导向作用；而传统性人格者具有畏惧权威、安分守己、宿命自保的意识倾向，对个体的防御型调节焦点会产生正向导向作用。个体的动机调节焦点一方面接受其人格倾向的影响，另一方面主导个体的外显行为。相关研究证实，持促进型调节焦点的个体关注积极目标，对能否获得成功与奖励更为敏感，这种敏感性会导发个体的促进型外显行为，如变革创新行为、积极的反馈与建言行为、较多的组织公民行为、较高的工作投入和主动追随行为等；而持防御型调节焦点的个体关注消极目标，对是否会失败和受到惩罚更为敏感，这种敏感倾向性会导发个体的防御外显行为，如消极顺从行为、沉默行为、较少的组织公民行为、较低的工作投入和被动追随行为等（李磊和尚玉钒，2011；段锦云和张倩，2012；吴志明等，2013）。可见，人格特征是通过影响个体不同的动机调节焦点来影响追随行为。基于调节焦点理论与特质激活理论的相关观点分析，提出以下研究假设：

H6－2：调节焦点在个体人格特征与追随行为关系中起中介作用。

其中，传统性人格通过影响个体的防御型动机调节焦点来导发被动追随行为；主动性人格通过影响个体的促进型动机调节焦点来导发积极追随行为。

（三）LMX的调节作用分析

LMX是西方学界研究组织内上下级工作交换关系的理论成果。其核心观点是：由于领导的时间、精力及所掌握的组织资源等有限，在工作中会分别与下属建立不同质的圈内与圈外的交换关系。“圈内成员”能得到领导较多的信任、支持、授权和奖励；而“圈外成员”与领导的关系只能维持在正常的组织规则之内，很少能得到领导信任、支持与授权。在本土上下级高权力距离和高关系导向的组织情境中，表面看来，组织内的人际交换似乎是遵循着正式身份和角色；实际上与领导隐而不宣或幽暗未明的关系才是最重要的主导因素（郑伯埙，1995）。因此，本研究推测LMX在个体人格特征与其动机调节焦点的关系中具有调节效应。理由有三个：其一，在本土人治管理的组织情境中，家长式领导是本土普遍而又典型的领导类型（郑伯埙等，2002）。威权行为是家长式领导最重要的特征。这种行为注重领导的立威与专权，要求下属忠诚与顺从，处理组织事务独断，当下属工作失误或有违顺从时会严厉呵斥（周浩和龙立荣，2008）。已有许多研究证实，圈内圈外成员对家长式领导的威权行为分别有不同的感知与体验，圈内员工因与领导关系近、沟通多而从积极视角理解与包容；圈外员工却因关系远、沟通少而从消极视角认知感受而产生抵触（Farh，Zhong & Organ，2004；郑伯埙等，2002；吴敏，黄旭，2007；程敏，2015）。无论是主动性人格还是传统性人格的个体，这种认知与体验的差异都会对他们特定情境下动机调节焦点产生不同的影响。其二，圈内员工一般与领导有较高的互动频率，他们能及时从领导那里获得较多与工作相关的信息，以及领导的信任、支持和授权，这会显著激活圈内员工积极主动追随领导开拓工作的热情和强化主动性人格员工的促进性动机焦点调节；而圈外员工因缺少与领导的直接互动，领导的指示、期望多通过第三方转达，也很少能得到领导的信任、支持与授权。领导对圈内圈外员工的信任与支持力度差异，必然会导致他们动机调节焦点的分化（王端旭等，2010；刘彧彧等，2010）。其三，相关研究证实，虽然传统性人格者多从传统的角色义务来抉择行为，但在中国讲究投桃报李的人情社会中，与领导保持高 LMX 交换关系的员工，也不会完全被动局限于传统的角色义务，在有利的情境下，他们也会产生促进性动机来积极主动地创造工作业绩回报领导，以维护和发展高 LMX（朱立言，2000；吴志明等，2013；李磊和席酉民，2010）。基于以上分析，提高下列研究假设：

H6 - 3：LMX 对个体人格特征与动机调节焦点的关系具有调节作用，即高 LMX 强化主动性人格与促进型调节焦点的关系；弱化传统性人格与防御型调节焦点的关系。

（四）组织公平感知的调节作用分析

在权力与关系导向的中国文化情境中，工作在一线的员工与领导的 LMX 大多被局限在正常的组织规则之内，反之，低 LMX 强化传统性人格与防御型调节焦点的关系；弱化主动性人格与促进型调节焦点的关系，他们主要是根据自己对组织在分配、程序、人际、信息等方面公平的感知与体验来调节动机焦点取向和抉择行为。员工是运用自身知识、技能、阅历经验、时间、精力等智能体能与人脉关系等个体资源为组织发展做出贡献。由于个体资源具有私有性和潜在性，不宜强迫而宜以诱因的方式激励和引导他们来投入。马斯洛的需求层次理论告诉我们，受尊重和自我实现的需要是人的最高也是最重要的精神需要。组织的收益分配、决策程序，人际对待和信息沟通是否公开公平公正，是员工人格是否受到尊重最根本的体现，也是促使员工最大效能地发掘和投入自身潜在资源为组织工作的强劲驱动力。相关研究证实，在支持性集体主义氛围中，组织鼓励各层级的信息自由公开交流，团队内部相互支持与协作，领导信任并及时为员工开拓性工作提供必要的组织资源，组织对员工的报酬与其工作投入和绩效挂钩，会显著强化员工的组织公平感知；反之，控制性集体主义氛围中领导高度集权，限制信息流动，依赖老套而又熟练的工作程序，领导的信任支持与组织资源因人际关系区别对待和分配，就会让员工产生组织不公平感知（Amabil & Conti，1999；Zhou & George，2001）。王端旭和洪雁（2011），陈思、李锡元和陆欣欣（2016）在后续研究中进一步发现，员工不同的组织公平感知会影响其不同的动机调节焦点与工作投入水平。当员工感觉自己的人格得到组织的尊重、自身智能体能付出得到组织认同，并与收益相对平衡时，就会选择促进型动机焦点调节，进而尽其所能地追随领导者工作；当员工感知自己的存在与价值没有被组织重视，资源付出也没有得到组织认同，收益与所做的贡献不对等时，就会封闭保存自己的私有资源而作防御型动机焦点调节，进而消极被动地跟随领导者工作。基于对员工不同组织公平感知的分析，提出下面研究假设：

H6 -4：组织公平感知在个体人格特征与动机调节焦点关系中起调节作用，其中高组织公平感知强化员工的主动性人格与促进型动机调节焦点，弱化传统性人格与防御型动机调节焦点的关系；低组织公平感知负向强化员工的传统性人格与防御型动机调节焦点，弱化主动性人格与促进型动机调节焦点的关系。

四、研究设计

根据上述变量关系与研究假设，形成了本章的研究框架，如图 6－1 所示。

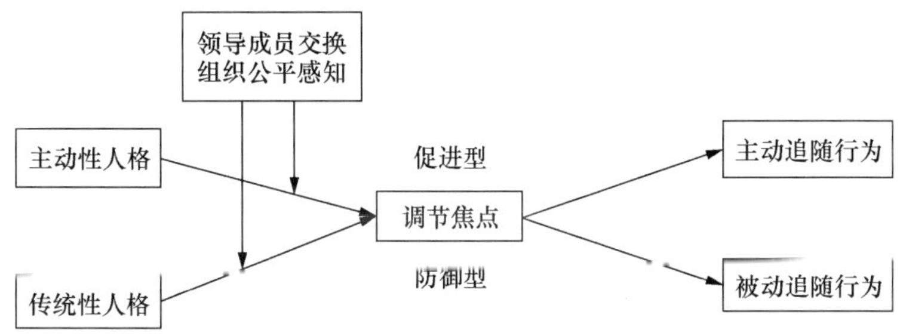

图 6－1　本章研究框架

五、研究方法

（一）设计特色

本研究在研究设计上突出三大特色：其一，设计“主管—员工”配对互评问卷进行采样，其中主管自评与员工的 LMX，他评员工常态下的积极主动与消极被动追随行为；员工自评个体人格特征和常态下动机调节焦点及组织公平感知，这样的设计可以降低调查数据的同源误差。其二，本研究设计为追踪抽样调查，即在 2016 年 3 月第一次采集横截面的调查数据，间隔 9 个月后，于 2016 年 12 月再在原受试企业和受试人员中采集纵向追踪数据。其三，进行追踪统计分析，通过两次抽样和两次实证统计，可以较好地观察变量关系变化及考察变量的因果关系。

（二）测量工具

（1）传统性人格的测量：采用 Farh 等（1997）研究中所使用的量表，通过预测检验，该量表在本研究中的信度为 0.793，其典型条目如“要避免发生错误，最好的办法是听领导的话”。

（2）主动性人格的测量：采用 PPS10 个题项的简缩版问卷，通过预测检验，该量表在本研究中的信度为 0.814，其典型条目如“自觉用创新思维解决具有不确定性的工作问题”。

（3）动机调节焦点的测量：采用 Meu－Bert 等（2008）开发的 WRF 量表，包括促进型和防御型调节焦点两个测量维度。经预测检验，两个测量维度在本研究中的信度分别为 0.795 和 0.806，其典型条目如“当我接受任务时，是否有个体发挥空间是一个很重要的考虑因素”。

（4）LMX 的测量：采用学界普遍使用的 LMX－7 量表，经预测检验，该量表在本研究中的信度为 0.817。

（5）追随行为的测量：采用曹元坤和许晟（2013）开发的量表，包括积极主动和消极被动两个分量表，经预测检验，这两个分量表在本研究中的信度分别为0.816和0.785，其典型条目如“我会主动通过建言献策协助领导解决工作问题”“对领导的任何指示我都会毫不犹豫地贯彻执行”。

组织公平感知采用王弘钰（2010）翻译、校对、检验和使用Colquitt（2001）所开发的量表，包括分配公平、程序公平、人际公平和信息公平4个测量维度和16个观测项，经预测检验，该量表在本研究中的信度为0.803。

（三）样本特征

本研究样本来源于江西南昌、九江、景德镇等6个地市的企事业单位。其中主管被试均有一年以上的任职经历和员工被试均有一年以上在岗工作经历。第一时间点发出问卷1000份，第二时间点发出问卷800份，其中主管、员工问卷各半。回收问卷分别为904份和734份，剔除人口统计信息缺失三项以上，多选两项和少选三项以上，连续8个选项相同，以及乱涂乱画，有明显作答反应倾向的问卷后，最后形成356组有效横向配对问卷和297组有效纵向配对问卷。其中人口学、组织学特征（均值）：男性56.3%，女性43.7%；年龄30岁以下为46%，30～40岁为25%，40岁以上为29%；高中（中专）及以下为44%，大学（专、本科）为49%，研究生为7%；工龄10年以下为44.2%，10～20年为33.7%，20年以上为22.1%；生产加工企业为39%，营销服务企业为54%，事业单位为7%。

六、研究结果

（一）测量变量的相关分析

表6－1和表6－2显示了本研究8个变量横向和纵向两次统计分析的均值、标准差和相关系数。其中主动性人格—促进型调节焦点—积极追随行为和传统性人格—防御型调节焦点—被动追随行为两组变量均为正性相关；调节变量LMX和组织公平感知与两组变量存在正负两种相关，表明高低LMX和高低组织公平感知与两组变量存在差异的关系；主动性人格与传统性人格两组变量的交叉均为负性相关，表明两组变量的关系性质明显不同；同时，通过追踪统计分析，8个变量的相关性基本趋于稳定。

表6－1　测量变量的平均数、标准差与相关矩阵（横截样本 $N=356$）

测量变量	平均数	标准差	1	2	3	4	5	6	7	8
1. 主动性人格	4.02	0.63	1							
2. 传统性人格	3.57	0.71	0.26	1						
3. 促进型调节焦点	3.84	0.58	0.55**	−0.15*	1					
4. 防御型调节焦点	3.69	0.69	−0.12*	0.57**	−0.11*	1				

续表

测量变量	平均数	标准差	1	2	3	4	5	6	7	8
5. 领导成员交换	4.42	0.66	0.44**	0.41**	0.60**	0.37*	1			
6. 组织公平感知	4.03	0.63	0.57**	0.28*	0.61**	-0.13*	0.42*	1		
7. 积极追随行为	4.57	0.59	0.60**	-0.16*	0.65**	-0.20*	0.58**	0.49**	1	
8. 被动追随行为	3.35	0.47	-0.18*	0.55**	-0.26*	0.53**	-0.10*	-0.17*	0.23	1

注：* 表示 $p<0.05$，** 表示 $p<0.01$。

表 6-2　测量变量的平均数、标准差与相关矩阵（追踪样本 $N=297$）

测量变量	平均数	标准差	1	2	3	4	5	6	7	8
1. 主动性人格	4.11	0.58	1							
2. 传统性人格	3.72	0.63	0.22	1						
3. 促进型调节焦点	4.04	0.55	0.56**	-0.26*	1					
4. 防御型调节焦点	4.00	0.72	-0.13*	0.58**	-0.08*	1				
5. 领导成员交换	4.52	0.70	0.51**	0.32*	0.58**	0.35*	1			
6. 组织公平感知	3.89	0.58	0.53**	0.22*	0.60**	-0.11*	0.48*	1		
7. 积极追随行为	4.71	0.68	0.62**	-0.15*	0.61**	-0.18*	0.55**	0.53**	1	
8. 防御追随行为	3.83	0.46	-0.17*	0.56**	-0.22*	0.53**	-0.12*	0.17*	0.22	1

注：* 表示 $p<0.05$，** 表示 $p<0.01$。

（二）中介模型的竞争比较

中介模型的确定，一方面要依据理论基础，另一方面要根据结构模型的拟合程度及模型的简洁性（温忠麟、张雷和侯杰泰，2006）。本研究对主动性人格、促进型调节焦点、积极追随行为和传统性人格、防御型调节焦点、被动追随行为两组关系，分别通过完全中介、部分中介、无中介三个模型进行竞争比较，然后选择其中一个数据拟合优佳并相对简洁的获胜模型。其中，促进型调节焦点在主动性人格与员工积极追随行为关系中起部分中介作用，模型横截样本的拟合系数为，$GFI=0.92$，$RMSEA=0.07$，$CFI=0.94$，$IFI=0.94$；追踪样本的拟合系数为，$GFI=0.91$，$RMSEA=0.06$，$CFI=0.93$，$IFI=0.94$；两次统计结果均优于建议值，又胜于完全中介和无中介模型。防御型调节焦点在传统性人格与被动追随行为关系中起部分中介作用模型的横截样本拟合系数为，$GFI=0.94$，$RMSEA=0.06$，$CFI=0.95$，$IFI=0.93$；追踪样本的拟合系数为，$GFI=0.93$，$RMSEA=0.08$，$CFI=0.92$，$IFI=0.92$；均优于建议值，又胜于完全中介和无中介模型。所以本研究选择促进型调节焦点在主动性人格与积极追随行为关系，防御型调节焦点在传统性人格与被动追随行为关系中起部分中介作用模型。

（三）中介效应检验

中介效应的检验必须符合四个条件，即自变量对因变量有较为显著的影响；自变量对中介变量有显著影响；中介变量对因变量有显著影响；通过加入中介变量后，自变量对因变量的影响效应降低为部分中介，自变量对因变量的影响消失，则为完全中介（Baton & Kenny，1986）。本研究运用结构方程对两个优胜中介模型的影响路径进行回归分析，其结果如图 6－2 和表 6－3 所示。

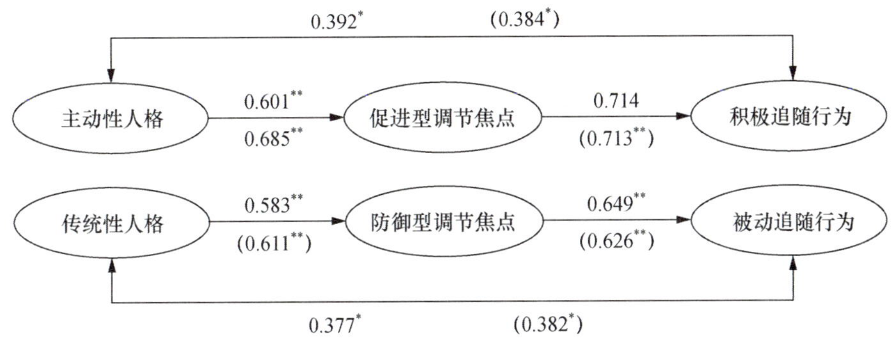

图 6－2　调节焦点的中介影响路径

注：* 表示 $p<0.05$，** 表示 $p<0.01$。括号中的系数为追踪样本统计分析的影响系数。

表 6－3　中介模型的中介参考系数估计

影响路径	横截样本（$N=356$）				追踪样本（$N=297$）			
	非标准化		标准化	T 值	非标准化		标准化	T 值
	路径参数	标准误			路径参数	标准误		
主动性人格—积极追随	0. 207	0. 073	0. 392	3. 126 *	0. 215	0. 102	0. 404	3. 857 *
主动性人格—促进调节	0. 582	0. 108	0. 601	6. 257 **	0. 603	0. 097	0. 685	6. 104 **
促进调节—积极追随	0. 733	0. 206	0. 714	9. 486 **	0. 702	0. 126	0. 713	8. 362 **
传统性人格—被动追随	0. 198	0. 083	0. 377	3. 736 *	0. 206	0. 109	0. 412	3. 355 *
传统性人格—防御调节	0. 565	0. 133	0. 583	8. 323 **	0. 621	0. 145	0. 611	7. 492 **
防御调节—被动追随	0. 94	0. 104	0. 649	8. 067 **	0. 663	0. 137	0. 626	8. 534 **

注：* 表示 $p<0.05$，** 表示 $p<0.01$。

从图 6－2 和表 6－3 的统计结果可以看出，主动性人格对员工积极追随行为发生的直接影响效应为 0. 392（横截）和 0. 384（追踪）；传统性人格对员工被动追随行为发生的直接影响效应为 0. 377（横截）和 0. 382（追踪）。通过加入促进型调节焦点中介后，主动性人格对员工积极追随行为发生的直接影响效应下降为

0.283（横截）和0.287（追踪），通过加入防御型调节焦点中介后，传统性人格对员工被动追随行为发生的直接影响效应下降为0.265（横截）和0.259（追踪），说明主动性、传统性人格对员工积极主动与消极被动追随行为发生具有直接与间接的双重影响效应，本研究H6－1得到实证数据支持。其中促进型调节焦点在主动性人格与积极追随行为关系中的中介效应分别为（横截样本）0.601×0.714＝0.429和（追踪样本）0.685×0.713＝0.488；防御型调节焦点在传统性人格与被动追随行为关系中的中介效应分别为（横截样本）0.583×0.649＝0.378和（追踪样本）0.648×0.626＝0.406，属部分中介。本研究H6－2得到支持。

（四）调节效应检验

对LMX和组织公平感知两变量在主动性人格、传统性人格与个体调节焦点关系中的调节效应，本研究采用逐步回归步骤检验。第一步纳入相关控制变量。第二步纳入主动性、传统性人格，以检验这两个变量对个体促进型与防御型调节焦点影响的主效应。第三步纳入主动性人格、传统性人格与LMX的乘积项和与组织公平感知的乘积项，以检验主动性人格与LMX交互项对个体促进型调节焦点；传统性人格与LMX交互项对个体防御型调节焦点；主动性人格与组织公平感知交互项对个体促进型调节焦点；传统性人格与组织公平感知交互项对个体防御型调节焦点的影响效应。最后根据Edward和Lambere（2007）推荐的程序画出调节效应图。回归结果如表6－4和图6－3～图6－6所示。

表6－4和图6－3、图6－4显示，LMX与主动性人格的交互效应对员工促进型调节焦点具有正向调节作用：LMX质量愈高，

表 6－4　调节效应的回归分析结果

变量	横截样本（N=356）						追踪样本（N=297）					
	促进型调节焦点			防御型调节焦点			促进型调节焦点			防御型调节焦点		
	Step1	Step2	Step3	Step1	Step2	Step3	Step1	Step2	Step3	Step1	Step2	Step3
第一步，控制变量												
性别	0.125	0.094	0.076	0.144	0.106	0.068	0.097	0.143	0.117	0.088	0.135	0.118
年龄	0.065	0.138	0.130	0.106	0.137	0.087	-0.076	0.105	0.092	0.077	0.102	0.135
文化	-0.057	0.121	0.067	0.145	-0.083	0.139	0.069	0.138	0.088	0.114	0.087	-0.106
工龄	-0.045	0.056	0.031	0.112	-0.058	0.117	0.037	0.127	0.102	-0.143	0.117	0.083
R^2	0.041			0.052			0.047			0.061		
第二步												
主动性人格（A）		0.458**	0.417**					0.501**	0.473**			
传统性人格（B）					0.439**	0.344**					0.451**	0.423**
LMX（C）		0.287	0.304**		-0.194*	-0.140*		0.438**	0.459**		-0.143*	-0.125*
R^2		0.258**			-0.175*			0.266**			-0.132*	
组织公平感知（D）		0.302**	0.359**		0.133*			0.313**	0.334**		0.158*	0.147*
R^2		0.263			0.123*			0.204*	0.198*		0.119*	0.125*
第三步												
A×C			0.324**						0.332*			
B×C						-0.116*						-0.125
R^2			0.158			-0.089			0.171			0.043
ΔR^2			0.141*			-0.077*			0.155			0.047
A×D			0.497**			-0.112*			0.403			-0.036
B×D						0.251						0.263*
R^2			0.188			0.163			0.159			0.174
ΔR^2			0.127			0.106			0.132			0.164

注：* 表示 $p<0.05$，** 表示 $p<0.01$。

其正向调节影响愈强，反之则弱。LMX 与传统性人格的交互效应对员工防御型调节焦点具有反向调节作用：LMX 质量愈低，传统性人格对防御型调节焦点的影响愈强；LMX 质量愈高，传统性人格对防御型调节焦点的影响愈弱，本研究 H6－3 得到验证。表 6－4 和图 6－5、图 6－6 也显示，员工组织公平感知与主动性人格的交互效应对员工的促进型调节焦点具有正向调节效应，组织公平感知愈强，其正向调节影响愈强，反之则弱，员工组织公平感知与传统性人格的交互效应对员工的防御型调节焦点具有反向调节效应：员工组织公平感知愈弱，传统性人格对防御型调节焦点的影响愈强；组织公平感知愈强，传统性人格对防御型调节焦点的影响愈弱，本研究 H6－4 得到验证。

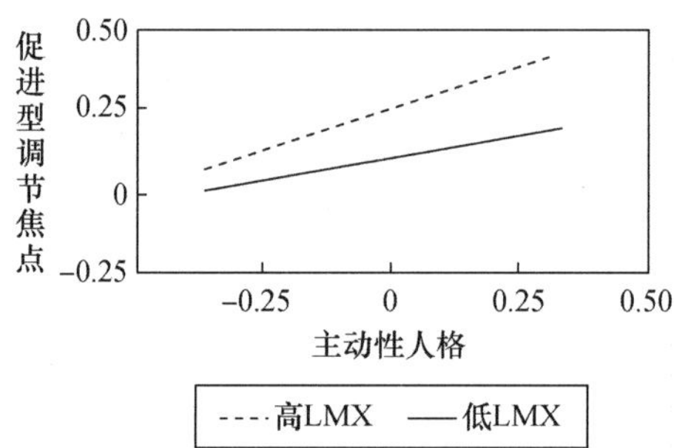

图 6－3　LMX 与主动性人格对促进型调节焦点交互效应

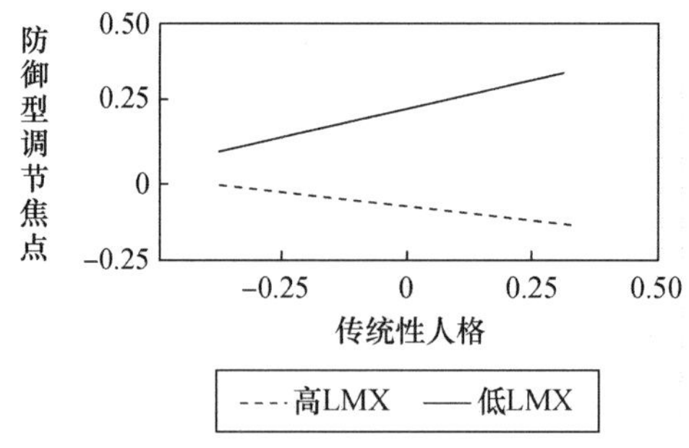

图 6－4　LMX 与传统性人格对防御型调节焦点交互效应

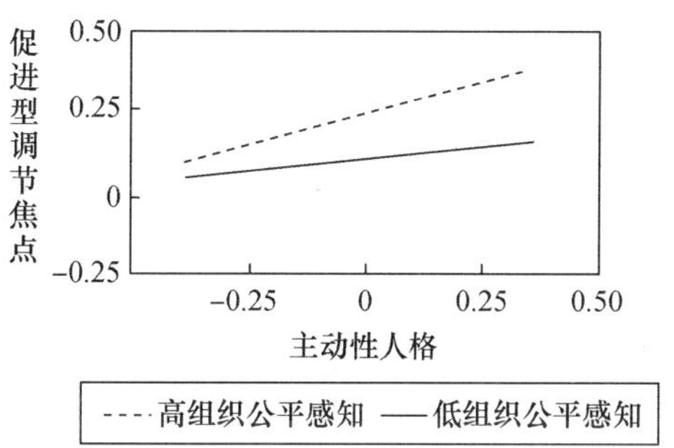

图 6−5 组织公平感知与主动性人格对促进型调节焦点交互效应

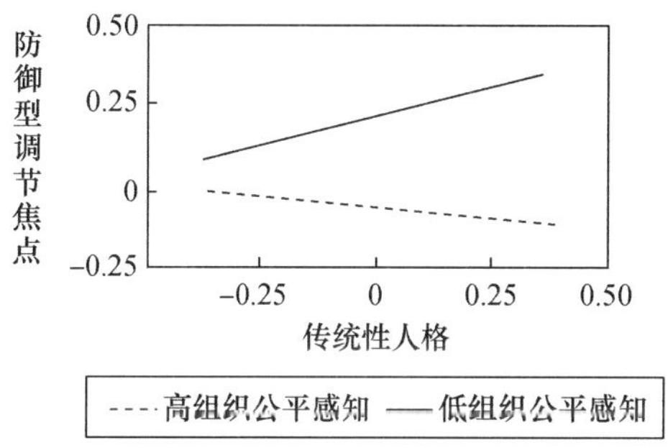

图 6−6 组织公平感知与传统性人格对防御型调节焦点交互效应

七、研究展望

（一）研究结论

通过 356 组主管—员工配对样本和 297 组配对追踪样本数据

的两次统计分析，得到如下研究结论。

（1）主动性人格对员工的积极追随行为发生，传统性人格对员工的被动追随行为发生均产生直接和间接的双重效应。

（2）员工促进型调节焦点在其主动性人格与积极追随行为关系中起部分中介作用；防御型调节焦点在其传统性人格与被动追随行为关系中起部分中介作用。

（3）LMX 在主动性、传统性人格与员工调节焦点关系中起调节作用。其中 LMX 正向调节主动性人格与促进型调节焦点的关系，LMX 质量愈高，其正向调节效应愈强，反之则愈弱。LMX 反向调节传统性人格与防御型调节焦点的关系：LMX 愈高，传统性人格对员工防御型调节焦点的影响愈弱；LMX 愈低，传统性人格对员工防御型调节焦点的影响愈强。

（4）员工组织公平感知在主动性、传统性人格与动机调节焦点关系中起调节作用，其中组织公平感知正向调节主动性人格与促进型调节焦点的关系，员工组织公平感知愈强，其正向调节效应愈强，反之则愈弱。组织公平感知反向调节传统性人格与防御型调节焦点的关系：员工组织公平感知愈强，传统性人格对防御型调节焦点的影响愈弱；员工的组织公平感知愈弱，传统性人格对防御型调节焦点的影响愈强。

（5）通过横截与追踪两次实证统计分析：促进型调节焦点、防御型调节焦点分别在主动性人格与积极追随行为，传统性人格与被动追随行为关系中的中介效应稳定，说明主动性人格、传统性人格是通过影响员工动机调节焦点差异进而影响员工积极与被动追随行为发生的因果关系成立。同时，追踪统计分析还显示，LMX 和组织公平感知均分别对员工主动性、传统性人格与动机调节焦点关系中起正反向调节的作用没有发生变化，表明个体主动性、传统性人格与动机调节焦点的因果关系会受 LMX、组织公平感知的强弱调节而呈现差异。

（二）分析讨论

对研究的结果，有两个问题需要分析与讨论。

其一，前文已阐述人格特征并不会直接导发个体的积极主动与消极被动追随行为，而是通过影响动机的调节焦点来影响追随行为，那么为什么促进型调节焦点在个体主动性人格与积极追随行为，防御型调节焦点在传统性人格与被动追随行为关系中只起部分中介作用，而不是完全中介作用？调节焦点理论告诉我们，个体同时拥有促进与防御两套自我行为调节体系，这两套调节体系是由特质调节与情境调节共同构成。特质调节焦点是个体在成长过程中逐渐形成的个性倾向，一般不会发生改变；而情境调节焦点是一种即时性调节焦点，主要由外在因素和任务框架信息线索所诱发，个体如何抉择特质焦点调节，会受到情境调节焦点制约，个体的促进型调节焦点和防御型调节焦点是相对的，它会随着情境中有利与不利因素的变化而相互转换（Higgins，2000）。所以，促进型调节焦点在主动性人格与积极追随行为，防御型调节焦点在传统性人格与被动追随行为关系中只起部分中介作用。

其二，为什么 LMX 和组织公平感知在主动性人格与促进型调节焦点关系中起强化调节作用；而在传统性人格与防御型调节焦点关系中起弱化调节作用？在本土权力与关系导向和讲究人情回报的组织文化情境中，高 LMX 的圈内员工能得到领导较多的信任、支持与关照，这会显著强化员工的互惠信念和弱化他们的防御消极心理，进而驱动他们多做促进型调节焦点；而低 LMX 的员工因缺乏与领导的亲密互动，很少能得到领导信任、支持和授权，也就缺乏积极的互惠意识，这种反差就是关系导向效应。在本土组织中，除关系导向外，还有权力导向。虽然上下级之间客观地存在高权力距离，但领导者在分配、程序、人际、信息等方面的权力运用具有较高的公平公正力，让员工产生高组织公平感知，在弘扬个体创造价值的今天，就会强化员工的自我实现诉求和促进性工作热情；而低组织公平感知则会弱化员工的促进性工作热情而反向强化他们维护自身利益与安全的需要，多做防御消极的焦点调节，这种反差也就是权力导向效应。

（三）成果价值

1. 理论价值

理论价值主要反映在三个方面：其一，目前学界在追随理论研究中，还未发现有探索个体人格特征影响其追随行为选择分化的研究成果公开。本成果立足中国组织情境，探索个体人格特征对追随行为差异发生的影响效应及机制，为丰富本土追随理论体系做了一些基础性工作。其二，在本土组织情境中，关系导向和权力导向对员工追随领导工作的动机和行为的影响是同时发生的。本研究把关系导向（高低 LMX）和权力导向（高低组织公平感知）同时纳入员工人格特征与动机调节焦点的研究框架中，进行理论论证和实证分析，使研究结果比只注重关系导向或只注重权力导向的研究结果更贴切组织追随实践，也更具有说服力。其三，在已有的追随理论实证研究成果中，研究者多采用横截面样本数据一次性实证分析相关命题的变量，这种实证方式只能反映变量的相关关系，难以反映变量变化及因果关系，目前尚未发现追随理论中有用追踪实证方式探讨相关命题的研究成果公开。本研究在两个不同时间点，采集横截面样本数据和纵向追踪样本数据进行追踪统计分析，较客观地反映了变量之间的因果关系，可以为后续研究者创新追随理论研究方式提供启示。

2. 实践价值

实践价值主要反映在两个方面：其一，本成果探究个体人格特征与其追随行为发生的关系，揭示动机调节焦点与 LMX 和组织公平感知在其中的中介与调节作用机制，可以帮助业界领导者与追随者明晰认知个体主动性人格—高低 LMX 和组织公平感知—促进型调节焦点—积极追随行为和传统性人格—高低 LMX 和组织公平感知—防御型调节焦点—被动追随行为两组不同的前因与后果对应关系，有助于追随者进行追随取向的理性选择。其二，本研究客观分析了 LMX 和组织公平感知在员工人格特征与追随动机调节焦点之间关系中的调节作用，对业界领导者如何科学运用关系导向和权力导向激发员工的促进型调节焦点具有一定的启示作用。同时，本研究对调节焦点理论的传播和中介作用的分析，可以为业界追随者进行自我行为调节提供技术支持。

第七章 诱因二，领导风格差异对追随行为的影响

一、导言

在百余年领导理论研究的历史长河中，与一定社会文化相联系的领导风格及其对员工心理与行为的影响，一直是领导理论研究的主题。著名的美国心理学家勒温和他的同事们在20世纪30年代就开始进行相关团队氛围和领导风格的研究。勒温等认为，领导风格是领导者在领导过程中表现出的不同特征的管理取向、思维与行为方式，团队的任务领导并不是用同样的方式表现他们的领导角色，使领导之间形成了不同的风格，这些不同的领导风格对团队成员的工作绩效和工作满意度有着不同的影响（李燚和魏峰，2010）。“权”是所有领导类型的核心，虽然领导的风格类型有百余种之多，但如何掌握和运用权力来激发员工的积极工

作态度与行为方式，是不同领导风格的根本区别点。因此，学界许多研究者从授权和威权两种截然不同的权力运用角度来研究领导行为与员工心理与行为的关系。本章的主旨就是探讨授权与威权两种不同领导风格与员工追随行为的差异关系。

二、研究设计

（一）研究基础理论

1. 领导风格（Leadership Style）

在中国集体主义组织氛围中，受等级观念、人治控制管理等传统文化影响，具有专权作风的家长式领导和受改革创新时代文化影响具有开明作风的变革型领导是极为普遍的领导风格。家长式领导注重领导立威和强化权力控制，是典型的威权领导类型。郑伯埙等（2002）把威权领导的典型行为特征概括为专权作风、贬损下属、形象整饰和教诲指导四个方面。变革型领导注重对追随者赋能授权，关心和满足追随者成长和自我实现的心理需求，是典型的授权领导。李超平和时堪（2005）对 Bass 的研究成果进行本土组织情境的探讨，发现变革型领导在中国的组织情境中具有领导魅力、德行垂范、愿景激励和个性化关怀四个维度。

2. 心理授权（Psychological Fm - Powermatic）

心理授权指授权个体体验的综合体，这个综合体是工作意义、自我效能、自主性和工作影响四种认知的格式塔，工作意义是指个体根据自己的价值体系和标准，对工作目标和目的价值的认知；自我效能是指个体对自身完成工作的能力评估与认知；自主性是指个体对工作活动控制能力的认知；工作影响则是指个体通过工作所能对组织与他人产生影响的认知，是一套关于认知几乎完整和充分的组合（Thomas，1990）。Conger 和 Kanungo（1998）指出，心理授权是个体关于自我效能内在动机的概念，是解析领导行为与员工行为之间关联的重要成熟变量。

3. 领导—下属交换（Leader – member Exchange，LMX）

LMX 是在 VDL 理论基础上引申出来的一种新型领导理论，其内涵有情感、忠诚、贡献和专业尊敬四维度。该理论认为：在任何一个组织中，各层级领导和其部属之间都存在着非正式的、比较稳定的社会交换过程。这个社会交换过程是通过垂直对子联结（Vertical Dyad Linkage）的模式表现出来，即领导与部属之间所形成的是垂直的、一对一的、互惠式的对应关系（Graen & Cashman，1975）。其主要观点是：由于时间、精力、环境和组织资源等所限，领导者在工作中要区分不同的部属，分别与他们建立不同类型的交换关系。其中领导会与部属中的一部分人建立相对特殊的关系，这些部属便成为领导的“圈内成员”（In – group），他们会得到领导更多的信任、关照和享有特权，如工作自主性、授权，以及更高的报酬和更多的升职机会等。而其他部属则被视为“圈外成员”（Out – group），很少能得到授权、奖励和升职机会，他们与领导的关系只能局限在组织规则的范围内（任孝鹏和王辉，2005），该理论强调领导与部属间的双向选择与互动水平决定着上下级交换关系的质量。LMX 理论比较系统地研究了上下级之间的动态关系，而且独特地采用了上下级之间的对偶关系作为分析的焦点，并强调领导与下属之间关系建设与发展的重要性，以及这种关系对态度、行为和绩效的影响，为在研究中找到了上下级关系影响领导效能和工作绩效的实证依据（杜红和王重鸣，2002）。

4. 追随行为（Followership Behavior）

曹元坤和许晟（2013）认为，追随行为是追随者以领导决策、指令为目标，能动与领导力交互作用的行为。Uhl - Bien（2007）、赵慧军和席燕平（2015）指出，追随行为是指组织中追随者个体在与领导者互动过程中相对稳定的行为方式与表现。Carsten 等（2010）从追随职责角度指出，追随行为是追随者帮助领导者承担工作责任的行为，是与领导者有效沟通的行为，是协助领导者解决和处理问题的行为。Cavell 和 Rast（2007）也明确指出，支持领导决策和灵活执行决策是追随者最根本的职能。追随理论的重要观点是：一方面，追随者如何选择和表现追随行为，与领导者的行为引导、激励，以及相互关系的积极反馈等密切相关；另一方面，领导者的决策、指挥及效能又依赖于追随者的认同态度、积极反馈和工作投入。

（二）变量选择与研究架构

当今中国组织正处在传统文化、改革创新求发展的文化时代，以及伴随对外开放渗入的西方文化相互交织、相互碰撞的多态化情境下，领导者与追随者对多元文化的认同差异，必然反映到其行为中。本研究立足中国组织情境，充分考虑文化差异因素进行变量的选取与设计，变革型领导注重赋能授权，追求组织变革与创新，体现时代文化的要求；威权领导注重专权立威，追求个人的权威与控制，具有明显的传统文化烙印，本研究将两类不同文化导向的领导风格，整合作为自变量加以研究。在中国特有组织情境下，员工是基于传统的遵从社会角色义务（Social Role Obligation），还是基于“诱因—贡献平衡”（Inducement – contribution Balance）的原则选择和表现行为，是受自身对工作意义的认知，以及自身能力、工作自主性能否充分发挥等主观授权意识支配的。心理授权是反映员工心理活动和自我认知的重要成熟概念，所以本研究选择心理授权为中介变量。为了考虑上下级高权力距离和“圈内”与“圈外”关系导向对员工追随行为的影响，本研究选择 LMX 为不同领导风格与员工心理授权关系中的调节变量。追随行为是本研究的研究出发点和落脚点，所以本研究以员工追随行为为因变量。基于上述变量安排，设计了本研究的研究框架，如图 7 –1 所示。

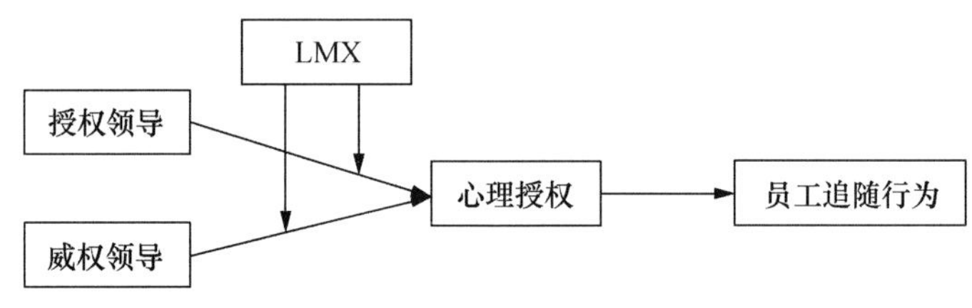

图 7 –1　变量关系

（三）变量关系与研究假设

1. 授权领导、威权领导与员工追随行为

变革型领导是一种比较典型的赋能授权领导风格（王辉和张

文慧，2009），通过让员工意识到自己所承担工作的意义，激发员工的高层次需求，开发员工的智力潜能，在相互信任的氛围中对员工充分授权，促使员工为组织利益牺牲自我利益，以实现超过预期的结果（Bass，1985）。变革型领导改变和转换员工的需求和思维方式，构建企业愿景，并就此与员工沟通，接受员工的反馈与建议时对员工予以授权，鼓励他们开发自己的潜能，以促进组织变革与创新（Avolio et al.，1999）。李超平、孟慧和时勘（2006）在一项变革型领导与员工行为研究中发现，变革型领导通过领导魅力、德行垂范、愿景激励和个性化关怀，激发员工的内在工作动机、情感、坚定目标信念和进取意志，开发智力，支持员工的自我价值实现。其中领导魅力、愿景激励对员工工作主动性和创新行为、工作满意度以及领导效能均有正向效应；个性化关怀对员工的组织公民行为和组织承诺影响显著。Dvir 和 Shamir（2002）通过纵向实证发现，变革型领导与员工的自我实现需要、组织价值观内化程度、集体主义倾向、任务参与度、独立思考方式、自我效能感等呈正向影响。

威权领导是家长式领导的典型风格，习惯采用专权和人治控制管理方式，要求员工忠诚和服从，处理组织事物独断，在下属面前威严，当下属工作失误或有违顺从时会严厉呵斥（周浩和龙立荣，2005）。许多研究者针对威权领导的专权作风、贬损下属、形象整饰和教诲指导行为特征与员工工作态度、行为关系进行探讨，结果显示：威权领导的专权作风会严重阻隔上下级之间的信息沟通，压抑员工工作的主观能动性；贬损下属则伤害下属的自尊心，使下属形成逆反心理而产生消极对抗或反生产行为；威严形象整饰会加大员工的心理压力而疏离上下级关系；勤于教诲指导，加大了员工的思维惰性而使其变得唯唯诺诺，束缚了员工的灵活性和创造性（Farh，Zhong & Organ，2004；吴敏等，2007；于海波等，2008）。

追随理论认为，追随是一种以领导力为导向的上下级双向互动行为，追随者如何选择和表现追随行为在很大程度取决于领导者如何引导、激励（曹元坤，2010）。根据上述分析，提出下列研究假设：

H7 - 1a：授权领导风格正向影响员工的追随行为。

H7 - 1b：威权领导风格负向影响员工的追随行为。

2. 心理授权的中介作用

根据行为心理学的观点，人的态度与行为是受自身的主观意识支配的，人的主观意识来源于外部信息映入的认知与内在感受体验（孙彤，2002）。不同的领导风格与员工对应互动的外部因素，首先作用于员工的自我授权感知，员工通过对外部信息感知的心理加工，形成自我授权的主观意识来支配行为（许晟、熊文光和袁庆妃，2015）。员工对心理授权的工作意义、自我效能、工作自主性和相互影响认知是建构其行为动机的完整过程，这一过程直接影响着员工对行为取向的选择、情感投入和行为表达的力度，并最终影响行为效能（Spreitzer，1995）。

相关研究表明，变革型领导通过与员工共享组织使命、愿景，关注员工成长和自我实现的领导行为，对提高员工工作意义的认知具有显著的正向效应（Conger & Kanungo，1998）；激活员工的创新思维，为员工发挥自己的个性化特长创造条件，支持和授权给员工等领导行为，对提高员工的工作能动性和自我效能感具有积极的预测效应（Shamir，1991，1993）；德行垂范和领导魅力可以强化与员工的有效双向互动，建立相互信任的氛围，密切与员工的合作关系，对提升员工的上向信任感，强化领导者的凝聚力和员工的向心力，都有积极的正向效应。员工心理授权水平的提高不仅会增强内在工作动机、密切与领导的合作关系，而且会激发员工的敬业、忠诚、勇于担当的主观意识来诱导和催生积极主动的追随行为（李浩澜、宋继文和周文杰，2015）。威权领导的专权独断、贬损下属等领导行为，是通过阻隔与员工合作关系的建设，弱化员工对工作意义的认知，束缚工作自主性的发挥，降低自我效能感来负面影响员工的心理授权（吴敏等，2007）。员工因心理授权水平下降会产生消极、被动、观望、怕承担责任等悲观主观意识，从而不愿意主动追随领导或被迫表现消极追随领导。为此，提出下列研究假设：

H7－2a：心理授权在授权领导与员工追随行为关系中起中介作用，即授权领导通过强化员工的心理授权水平诱导和催生员工的追随行为。

H7－2b：心理授权在威权领导与员工追随行为关系中起中介作用，即威权领导会弱化员工的心理授权水平而压抑员工的追随行为。

3. LMX 的调节作用

依据相似相吸的理论观点，无论是授权领导还是威权领导，由于时间、精力和资源有限，领导都会把与自己深度相似的组织成员视为“圈内人”，给予较多的信任、支持与关照；而将与自己不相似的组织成员视为“圈外人”，对他们很少给予信任和支持（Graen & Cashman，1975）。追随是一种以 LMX 为纽带的双向互动，追随者是否选择这种互动方式，以及领导者是否接纳和积极回应追随者，都会根据 LMX 抉择（朱立言，2001）。在当代中国改革创新求发展的时代背景下，带领组织在竞争中求生存谋发展，是各种类型领导的第一要务目标，需要追随者全力支持。领导者选择信任、授权给那些追随者，会依据 LMX 质量进行甄别。同时，领导者与追随者的互动频次、沟通深浅，以及是否采信追随者的各种反馈，双方都会据 LMX 远近来权衡和取舍（许晟、曹元坤和郑燕平，2014）。当领导者在进行有限的组织资源分配时，也会根据 LMX 的高低进行差异分配。能得到领导较多的信任与支持，就会更加促进员工对工作意义的认知，内在工作动机、工作自主性与自我效能感更强，相互影响更多。为此提出以下研究假设：

H7－3a：LMX 在授权领导与员工心理授权关系中起调节作用，高 LMX 强化授权领导对员工心理授权的正向影响效应。

H7－3b：LMX 在威权领导与员工心理授权关系中起调节作用，高 LMX 弱化威权领导对员工心理授权的负向影响效应。

三、研究方法

（一）测量工具

（1）授权领导的测量：变革型领导是一种具有授权特征的领导风格，所以本研究把变革型领导作为授权领导进行测量，使用李超平和时勘（2005）立足中国组织情境发展开发的4维26个观测项的TLQ量表。通过预测检验，该量表在本研究中的信度为0.925。

（2）威权领导的测量：威权领导是家长式领导的典型风格。本研究采用樊景立和郑伯埙（2000）开发的家长式领导量表中的威权领导分量表。通过预测检验，该分量表在本研究中的信度为0.878。

（3）心理授权的测量：采用Spreitzer（1995）开发的4维12个观测项量表。该量表经李超平、孟慧和时勘（2006）等翻译、校对和检验，是国内学界使用较为普遍的成熟量表。经预测检验，该量表在本研究中的信度为0.862。

（4）LMX的测量：采用学界普遍使用的LMX-7量表，经预测检验，该量表在本研究中的信度为0.883。

（5）追随行为的测量：采用曹元坤和许晟（2013）开发的5维20个观测项的追随力量表。通过预测检验，该量表在本研究中的信度为0.845。

本研究对上述所选择的国外量表，在使用前均再次进行了英汉互译校对和预测检验，结果表明都有较高的信效度，符合心理测量的要求。上述测量均采用Likert五级计分，1=不认同，5=完全认同。

（二）采样要求

（1）样本被试：其中员工被试必须是在本企业满一年以上者，不包括兼职、见习和临时用工。领导被试必须是担任领导职务满一年以上，并有两个以上直接下属者。

（2）受试组织：为规模在50人以上的行政事业单位和生产

加工、营销服务企业。

（3）问卷类型：本次为配对互评问卷调查，分主管、员工两种问卷。其中员工评价两种领导风格和自己的心理授权水平；领导评价自己与员工的交换关系和员工的追随行为。

（4）质量保证：为了保证调查质量，由调查小组深入企事业单位车间、部门、网点分别与主管—员工受试，宣讲调查指导语，当场发放和回收问卷。为了防止被试刻意揣摩调查者意愿，要求被试在20分钟内填答完，回收问卷时当场做好主管—员工问卷的配对编号。

（三）样本特征

本研究为追踪研究，研究样本分两次采集，调查数据来源于江西南昌、九江、景德镇等8个地区多类型企事业单位。于2016年7月第一次采集横截面样本。发出主管、员工问卷各500份，回收问卷946份；2017年2月在原受试企业和受试人员中再采集追踪调查数据，发出主管、员工问卷各400份，回收755份。剔除人口统计信息缺失3项以上；漏答3项以上、多答2项以上；连续8个选项相同，以及乱涂乱画，有明显作答反应倾向的问卷后，共得到主管有效问卷416份，员工问卷398份。为了形成一比一的配对比例，最后形成398组有效横截配对问卷和322组纵向配对追踪问卷。其人口学组织学特征均值（%）：男性52.5%，女性47.5%；30岁及以下为41.9%，31~40岁为46.3%，40岁以上为11.8%；高中文化及以下为12.4%，大专为39.4%，本科为41.7%，研究生为6.5%；工龄5年以下为31.2%，5~10年为47.6%，10年以上为21.2%；行政事业单位为21.6%，生产加工企业为40.3%，营销服务企业为38.1%。

四、研究结果

（一）测量变量的相关分析

表7-1和表7-2显示了本文5个变量的均值、标准差和相关系数。其中在授权领导→心理授权→员工追随行为这组关系中，自变量与中介变量为正性关系（$r=0.58$，$p<0.01$）；中介变量与因变量为正性相关（$r=0.52$，$p<0.01$）；自变量与因变量也是正性相关（$r=0.29$，$p<0.05$）。在威权领导→心理授权→员工追随行为这组关系中，自变量与中介变量是负性相关（$r=-0.36$，$p<0.05$），中介变量与因变量是负性相关（$r=-0.21$，$p<0.05$），自变量与因变量也是负性相关（$r=-0.18$，$p>0.05$）。在LMX与授权领导、心理授权这组关系中，调节变

表7-1 基于横截面样本测量变量的平均值、标准差与相关矩阵（$N=398$）

变量	平均数	标准差	1	2	3	4	5
1. 授权领导	4.68	0.67	(0.925)				
2. 威权领导	3.22	0.73	0.23	(0.878)			
3. LMX	3.87	0.74	0.53**	0.21*	(0.883)		
4. 心理授权	4.20	0.62	0.58**	-0.36**	0.47**	(0.862)	
5. 追随行为	4.03	0.69	0.29*	-0.18*	0.21*	0.52**	(0.845)

注：*表示$p<0.05$，**表示$p<0.01$；对角线括号中为变量在本研究中的信度。

表 7-2 基于追踪面样本测量变量的平均值、标准差与相关矩阵（$N=322$）

变量	平均数	标准差	1	2	3	4	5
1. 授权领导	4.76	0.72	(0.925)				
2. 威权领导	3.43	0.68	0.19	(0.878)			
3. LMX	4.08	0.77	0.61**	0.19*	(0.883)		
4. 心理授权	4.25	0.73	0.58**	-0.20**	0.50**	(0.862)	
5. 追随行为	3.92	0.59	0.30*	0.17*	0.26*	0.39**	(0.845)

注：* 表示 $p<0.05$，** 表示 $p<0.01$；对角线括号中为变量在本研究中的信度。

量与自变量、中介变量均为正性相关（$r=0.53$，$p<0.01$；$r=0.47$，$p<0.01$）；在 LMX 与威权领导、心理授权这组关系中，调节变量与自变量、中介变量也是正性相关（$r=0.21$，$p<0.05$；$r=0.47$，$p<0.01$）。

（二）中介模型的竞争比较

中介模型的确定，一方面要依据理论基础，另一方面要根据结构模型的拟合程度及模型的简洁性（温忠麟、张雷和侯杰泰，2006）。本研究对授权领导、心理授权、员工追随行为和威权领导、心理授权、员工追随行为两组关系，分别通过完全中介、部分中介、无中介三个模型进行竞争比较，然后选择其中一个数据拟合优良并相对简洁的模型。其中，心理授权在授权领导与员工追随行为关系中起部分中介作用模型的横截样本拟合系数为：$\chi^2/df=3.04$，$GFI=0.92$，$RMSEA=0.07$，$CFI=0.95$，$IFI=0.93$；追踪样本的拟合系数为：$\chi^2/df=3.24$，$GFI=0.91$，$RMSEA=0.08$，$CFI=0.94$，$IFI=0.94$ 均优于建议值，又胜于完全中介和无中介模型；心理授权在威权领导与员工追随行为关系中其部分中介作用模型的横截样本拟合系数为：$\chi^2/df=2.97$，$GFI=0.94$，$RMSEA=0.06$，$CFI=0.95$，$IFI=0.93$；追踪样本拟合系数为：$\chi^2/df=3.01$，$GFI=0.93$，$RMSEA=0.07$，$CFI=0.92$，$IFI=0.93$ 均优于建议值，又胜于完全中介和无中介模型。所以本研究选择心理授权为授权领导与员工追随行为，以及威权领导与员工追随行为两组关系中起部分中介作用的模型。

（三）中介效应检验

中介效应的检验必须符合四个条件：自变量对因变量有较为显著影响；自变量对中介变量有显著影响；中介变量对因变量有显著影响；通过加入中介变量后，自变量对因变量的影响效应降低为部分中介，自变量对因变量的影响消失，则为完全中介变量（Baton & Kenny，1986）。本研究运用结构方程对两个优胜中介模型的影响路径进行回归分析，其结果如表 7－3、表 7－4 和图 7－2 所示。

表 7－3　中介模型的第一次参数估计（$N=398$）

路径	非标准化		标准化	T 值
	路径系数	标准误差		
授权领导→追随行为	0.177	0.070	0.288	3.338*
授权领导→心理授权	0.694	0.102	0.582	6.243**
心理授权→追随行为	0.855	0.207	0.738	9.672**
威权领导→追随行为	－0.216	0.069	－0.253	2.736*
威权领导→心理授权	－0.367	0.126	－0.504	8.766**
心理授权→追随行为	－0.258	0.093	－0.565	7.934**

注：* 表示 $p<0.05$，** 表示 $p<0.01$。

表 7 – 4 中介模型的第二次参数估计（$N = 322$）

路径	非标准化		标准化	T 值
	路径系数	标准误差		
授权领导→追随行为	0. 167	0. 067	0. 276	3. 458 *
授权领导→心理授权	0. 701	0. 113	0. 586	6. 583 **
心理授权→追随行为	0. 795	0. 198	0. 712	8. 972 **
威权领导→追随行为	－0. 196	0. 071	－0. 246	3. 006 *
威权领导→心理授权	－0. 367	0. 112	－0. 434	8. 116 **
心理授权→追随行为	－0. 274	0. 103	－0. 551	8. 104 **

注：* 表示 $p < 0.05$，** 表示 $p < 0.01$。

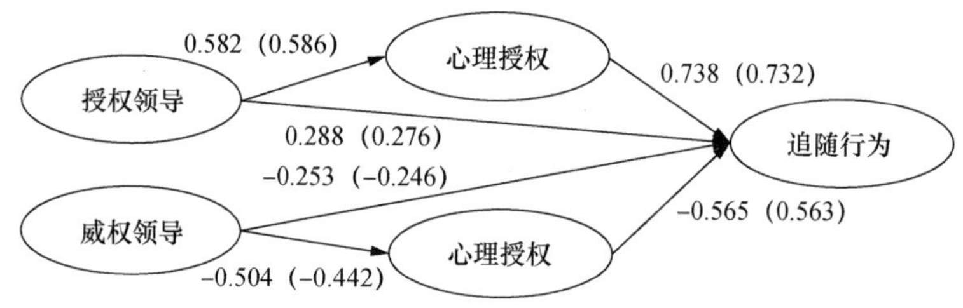

图 7 – 2 心理授权的中介路径

注：括号中均为追踪样本数据。

从表 7 – 3 和图 7 – 2 的统计结果可以看出，授权领导对员工追随行为的直接效应为 0. 288（横截）和 0. 276（追踪），不显著，说明授权领导对追随行为的正向影响有直接和间接双重效应；威权领导对员工追随行为的直接效应为 – 0. 253（横截）和 – 0. 246（追踪），不显著，说明威权领导对追随行为的负向影响也有直接和间接双重效应，本书的 H7 – 1a 和 H7 – 1b 均得到实证数据支持。回归结果还显示：加入心理授权中介后，授权领导对追随行为的直接影响下降为0.104（横截）和0.101（追踪），心理授权在授权领导与员工追随行为关系中的中介效应为0.429（0.582×0.738）（横截）和0.417（0.586×0.712）（追踪），属部分中介。同时，加入心理授权中介后，威权领导对员工追随行为的直接影响下降为-0.137（横截）和-0.139（追踪），心理授权在威权领导与追随行为关系中的中介效应为-0.284（-0.504×-0.565）（横截）和-0.249（-0.442×0.563）（追踪），也属部分中介。本书H7-2a和H7-2b均得到统计数据支持。

（四）调节效应检验

Baton和Kenny（1986）指出，调节变量的效应一般采用层级回归步骤来检验。本研究第一步纳入相关控制变量，如性别、年龄、文化、工龄等；第二步纳入授权领导、威权领导和LMX，分别检验这些变量对心理授权的主效应；第三步纳入授权领导与LMX的乘积项和威权领导与LMX的乘积项，以检验授权领导与LMX的交互效应对员工心理授权的影响和威权领导与LMX的交互效应对员工心理授权的影响。回归结果如表7-5和图7-3、图7-4所示。

表7-5和图7-3显示，LMX与授权领导的交互效应对员工心理授权具有积极的正向调节作用（$\beta=0.263$，$p<0.01$），本研究H7-3a得到验证。表7-5和图7-4显示，LMX与威权领导的交互效应对员工的心理授权，具有弱化威权领导负面影响的调节作用（$\beta=-0.285$，$p<0.01$），本研究H7-3b也得到验证。

表 7-5　调节变量的回归分析结果（$N=398$）

变量	心理授权		
	Step1	Step2	Step3
第一步，控制变量			
性别	0.125	0.092	0.081
年龄	0.097	0.138	0.109
文化	0.108	0.121	0.078
工龄	-0.035	0.056	-0.021
R^2	0.037		
第二步，授权领导（A）		0.458**	0.420**
威权领导（B）		-0.376**	-0.255**
LMX（C）		0.261**	0.412**
R^2		0.263	
ΔR^2		0.225**	
第三步，A×C			0.263**
B×C			-0.285**
R^2			0.205
ΔR^2			0.117*

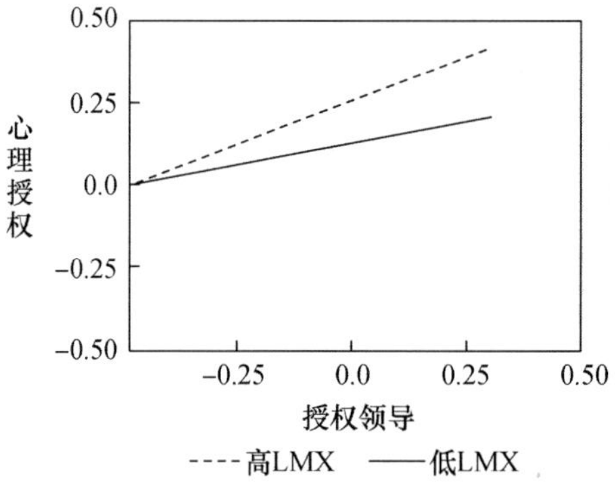

图 7-3　LMX 与授权领导对心理授权的交互效应

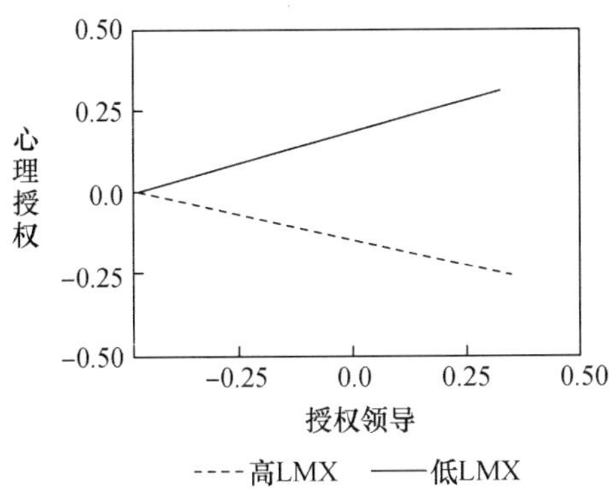

图 7－4 LMX 与威权领导对心理授权的交互效应

五、研究展望

（一）研究结论

本研究通过 398 组横截和 322 组追踪主管—员工配对问卷数据的统计分析，得到如下研究结论。

（1）授权领导对员工的追随行为产生正向影响；威权领导对员工的追随行为产生负向影响；心理授权在授权领导、威权领导与员工追随行为关系中起部分中介作用。

（2）横截与纵向两次统计分析显示，授权领导对员工追随行为均有正向的直接与间接影响，授权领导对员工心理授权、员工心理授权对追随行为这组正向对应关系的统计误差率小且稳定，表明这组变量具有较强的因果关系；威权领导对员工追随行为均有负向的直接与间接影响，威权领导对员工心理授权、员工心理授权对追随行为这组负向对应关系的统计误差小且稳定，表明这组变量也具有较强的因果关系。其中，授权领导、威权领导是因，员工追随行为差异是果，心理授权是连接因果的桥梁。

（3）LMX 在授权领导、威权领导与员工心理授权关系中起调节作用，其中 LMX 正向强化授权领导对员工心理授权的影响；反向弱化威权领导对员工心理授权的负向影响，LMX 质量愈高，其调节效应愈强，反之则愈弱。

（二）分析讨论

对本研究的研究结果，有两个问题值得分析与讨论。

（1）为什么心理授权在授权领导与员工追随行为关系中起正向部分中介作用，而在威权领导与员工追随行为关系中却起负向部分中介作用？心理授权是个体对工作意义的认知，是对自身工作能力的评估和自身主动性能否充分发挥的预期，也是对自身在群体中相互影响的感知。这种复合性的自我授权认知并非总是处在被正向激活的状态。根据特质激活理论（Trait Activation Theory）的观点，个体特质潜藏在生命机体中，只有当受到环境中线索的启动，并获得与自我相适应的感知与认知评估后才会被激活并主导行为（Tett & Burnet，2003）。授权领导与员工共享组织使命、愿景，转换员工的思维方式和提高员工的需求层次，鼓励员工开发自己的潜能，信任、支持、充分授权给员工进行变革创新、实现自我价值等领导行为，是正向激活员工内在工作动机、提高自我效能认知的线索。威权领导的专权独断、控制管理、贬损下属等领导行为让员工感知的是被压抑、被束缚和没有被尊重的负向情境线索。受不同情境线索的启动，个体产生积极或消极取向选择分化及行为表现差异也就不足为奇。

（2）为什么 LMX 正向调节授权领导与员工心理授权的关系并提高授权领导对员工心理授权的正向影响水平，而反映在威权领导与员工心理授权关系中却是弱化威权领导对员工心理授权的负面影响水平呢？这一问题与上一问题的分析是紧密相连的。由于威权领导行为留给员工感知的多为负面情境线索，这种负面感知的积累不仅会降低员工的心理授权，而且会导向员工表现消极工作态度与行为。LMX 是领导者与员工基于情感、忠诚、奉献及专业尊敬等方面所形成的上下级人际关系。在中国组织高权力距离、高关系导向的情景中，员工与领导者共同发展高 LMX，会得到领导较多的信任、支持和关照。中国文化讲究投桃报李，受到领导垂青的员工在高 LMX 的导向下，会从积极角度把威权领导的斥责作为一种亲近，严厉作为一种爱护来理解，这种理解会加大员工对威权领导专权独断、严格控制和粗暴作风的容忍度，而降低负向情绪与行为的反应。因此，弱化威权领导的负向影响也是一种正向效应，而且这种正向弱化负向影响的效应已经得到实证研究支持（调节回归分析显示：威权领导对员工心理授权的直接影响效应 $\beta=-0.376$、$p>0.05$，而威权领导与 LMX 的交互影响效应 $\beta=-0.285$、$p<0.05$）。

（三）成果价值

（1）理论价值。主要反映在两个方面：其一，目前学界对追随理论的研究，主要聚焦员工追随行为对后果变量的影响及机制研究，很少有研究者关注员工追随行为发生的前因，本成果是基于本土情境下追随行为前因之一领导视角的探索，可为后续研究提供借鉴。其二，由于追随理论缺乏对领导者与追随者这组共生体互动机制的系统揭示，本成果运用实证技术揭开了不同领导风格影响员工追随行为的“黑箱”，提高了追随理论对实务现象的科学解释力，促进了追随理论研究的深化。

（2）实践价值。主要反映在两个方面：其一，组织发展需要追随者推动。本成果可以帮助业界领导者清晰了解授权领导与威权领导对员工心理授权的作用差异，进而影响员工追随行为的驱动过程，引导领导者选择有利于提升员工心理授权水平的领导风格，激发员工积极的追随行为，以赢得追随者的全力支持和同心同德共谋组织发展。其二，个体价值因群体而存在并在群体中体现（徐行言，2005）。本成果可以帮助业界追随者认识自身行为与领导行为之间的关联，以及与领导交换关系的高低对自我心理授权的影响，引导追随者强化 LMX 建设，提高自我心理授权水平，用积极主动的追随行为在群体中实现自我价值。

（四）未来展望

本研究未来将主要从两个方面深化：一是研究样本，本成果主要采样本地区企业，采样面相对狭窄，很难包含全国各地不同的区域文化。二是因变量设计，组织情境中员工的追随行为并非是单一维度的，不同的影响因素会使员工追随行为选择分化和表现差异。后续研究应充分考虑上述因素，使未来研究结论更加可靠、更贴切组织实务。

第八章　诱因三，组织氛围差异对追随行为的影响

一、导言

“近朱者赤，近墨者黑”，这句古话形象地说明了环境氛围对人的直接差异化影响。在组织实践中，员工与领导的交互都发生在一定的组织情境中，组织情境处在永不停息的变化中。组织氛围是反映组织情境状态的重要变量，对员工的追随取向选择和行为表现具有很强的导向性影响。组织氛围这一概念，学界不同研究者有不同的定义。本书认同 Denison（1996）所作的定义：组织成员对组织的态度和信念，是由组织成员感知体验，并能影响组织成员态度与行为的一种持续性组织特征，包括对组织在创新、公平、支持、人际关系及员工身份认同等方面的感知。由于各个组织的发展环境、领导风格、运行机制、人际关系及企业文

化特色等不同，组织之间的氛围千差万别。后续研究者为了便于研究不同的组织氛围，Bock（2005）从组织氛围的性质视角，将千差万别的组织氛围区分为支持性组织氛围（Supportive Organizational Climate）和控制性组织氛围（Controlling Organizational Climate）。本章的研究主旨就是探讨支持性组织氛围与控制性组织氛围对员工追随取向选择和行为表现差异的诱导影响。

二、研究设计

（一）研究变量与中国组织的文化特征

研究中国文化背景下的组织氛围（群体变量）如何影响员工追随行为（个体变量），必须明晰中国组织相关典型而又普遍的文化特征。Chen 和 Francesco（2000）指出，“由于受传统文化的影响，中国组织的上下级权力距离很大，领导者具有高度权威”，上下级高权力距离是中国组织的第一个文化特征。同时，“中国又是一个典型的关系导向的社会，形成了以自我为中心‘差序格局’的关系圈”（Fei，1992）。群体中高关系导向是中国组织的第二个文化特征。“西方文化强调人的个体价值，而中国文化则重视个体在群体中的价值”（徐行言，2005），个体价值体现为对组织的贡献是中国组织的第三个文化特征。“儒家文化影响及人治社会现实所带来的控制性组织结构在中国组织情境中普遍存在，员工对家长式领导的专权、控制性管理方式有着较大的容忍性”（郑伯埙、黄敏萍和周丽芳，2002）。可见，人治是中国组织环境的第四个文化特征。因此，本研究充分考虑蕴含在组织氛围和员工心理这些文化因素而展开。

为了深化和比较差异组织氛围对员工心理与行为的不同影响研究，国内学者王瑞旭（2010）根据 Bock（2005）等的经典文献，针对中国组织情境进行支持性组织氛围和控制性组织氛围与员工创新行为的专题研究，并指出，如果组织鼓励各层次的信息自由公开地交流，支持新想法、新观点并委派具有挑战意义的工作，管理者关注下属的需求并能够及时提供各种必要的资源，员工对自己的工作拥有自主权和支配权，团队内部和同事之间积极协作，就可以视为支持性组织氛围，反之为控制性组织氛围。

追随行为（Followership）是近代管理学研究员工行为的概念。曹元坤和许晟（2013）将其定义为：追随者在领导力的影响下，所表现的与领导者、组织情境能动交互的多维特质与行为，包括进取精神、认知悟性、执行技能、关系技能、影响力五维度。

员工情感状态是反映个体情感倾向的概念，指员工在一定情境中对相关人和事感知后所产生的或积极或消极的主观体验，它与人的心理期望和需求相联系，这种体验倾向性会直接影响人的态度与行为（Matthews，Jones & Chamberlain，1990）。

（二）变量关系与相关假设

相关研究表明，当组织加强控制与监督，保留资源，限制工作方式和信息流动，依赖老套而熟练的操作程序，员工的能动性和创造力就会被压抑且呈现出思维僵化、情绪耗竭和行为消极的趋势（Amabile & Conti，1999）。支持性组织氛围倡导上下级信息自由公开交流，团队内部相互信任与协作，鼓励大胆创新探索，有利于激励员工的积极进取情感和创造活力的迸发（Zhou & George，2001）。Stringer（2002）研究发现，高协同感和高身份认同的支持性组织氛围可以潜移默化地孕育员工一种积极向上的情感状态，在这种情感状态中，员工会更多地鼓励自己寻找提高工作绩效的行为方式。根据人性假设 Y 理论，员工愿意为自我价值实现付出更多努力和承担更大的责任。Thoresen 等（2003）研究证实，积极与消极情感都会影响员工的工作行为。积极情感能够强化人的敬业精神，拓展认知境界和放大认知迁移信号；而消极情感往往导致情绪耗竭、工作倦怠与缺失责任性。追随理论认为，与内隐领导理论相似，追随者表现追随行为也有一定的追随内隐结构，这种内隐结构是追随者在一定的追随情境和组织氛围中通过自我感知、情感体验积累建构的，它对追随者态度、行为的影响比外在激励更稳定、更有效（原涛和凌文辁，2010）。追随的实质是一种情感倾向性行为。追随者如何表现追随行为，与其认知体验后的情感取向密切相关，不同质的情感体验会导致追随者态度与行为的差异（Bemadin，2002）。根据上述变量关系的分析，提出下列研究假设：

H8 -1：支持性组织氛围对员工的追随行为产生间接正向效应。

H8 -2：控制性组织氛围对员工的追随行为产生间接负向效应。

H8 -3：积极情感在支持性组织氛围与员工追随行为关系中

起中介效应。

H8－4：消极情感在控制性组织氛围与员工追随行为关系中起中介效应。

三、研究方法

（一）测量工具

（1）组织氛围测量：采用王端旭（2010）在 Bock 等（2005）编制的组织氛围量表基础上，针对中国组织情境修订、检验使用后的成熟量表。该量表为支持性组织氛围和控制性组织氛围两个测量维度共 18 个条目。量表信度 0.88，通过预测检验，量表在本研究中的信度为 0.86，其典型条目："组织经常鼓励我说出与其他人不同的想法""我很少能从领导和同事那里获得相关工作信息"。

（2）情感状态测量：采用威斯康星州立大学 Matthews、Jones 和 Chamberlain（1990）开发的情绪状态量表。该量表为积极情感和消极情感两个测量维度 32 个条目。量表信度 0.92，通过预测检验，在本研究中的信度为 0.90。其典型条目："领导的信任是我完成每次工作任务的动力""同事的不友好配合让我失去完成工作的信心"。

（3）员工追随行为测量：采用曹元坤和许晟（2013）开发

的中国组织情境下的追随行为量表。量表为进取精神、认知悟性、执行技能、关系技能、影响力5个测量维度20个条目。量表信度0.86，通过预测检验，在本研究保留0.85的信度。其典型条目："我常用创新思维解决组织中的工作难题""我有时通过建言献策帮助领导改进工作"。

本研究使用的上述国外量表，虽是国内研究者翻译、校对和检验使用后的成熟量表，但本研究均再次进行英汉互译校对和检验。

以上测量在本研究中均采用Likert五级计分：1=不认同，5=完全认同。

（二）被试与采样

（1）本研究被试为在其组织内工作满一年以上员工（包括既是主管又是追随者的中层干部，不包括频繁跳槽者和临时用工）。

（2）受试单位为规模在50人以上的行政、事业及生产加工、营销服务型企事业单位。

（3）由于本研究为追踪研究，需先采集横截面的调查数据，然后间隔7个月的时间，再在原受试企业和受试人员中，再采集纵向追踪数据。

（4）测量采用当场发卷当场解答被试提问和当场回收问卷的方式，为了防止被试刻意揣摩调查者意愿，要求被试10分钟内完成。

（三）样本特征

本研究在江西南昌市选择20家有一定代表性的企事业单位

进行测量。发放横截面调查问卷800份，回收748份，剔除无效问卷，有效问卷667份。第二次发放纵向追踪问卷600份，回收548份，剔除无效问卷，有效问卷515份。两次有效问卷共1182份，其组织与人口学特征（%）：行政单位10%，事业单位20%，生产加工企业30%，营销服务企业40%；男性52.4%，女性47.6%；高中及以下文化11.2%，大专36.3%，本科45.4%，研究生7.1%；工龄5年以下31.2%，5~10年45.5%，10年以上23.3%；无职务员工80.2%，有职务员工19.8%。

四、研究结果

本研究的支持性组织氛围、控制性组织氛围是群体变量，而积极情感、消极情感和员工追随行为均为个体变量，它们是群体变量通过个体中介变量影响个体因变量的跨层面关系。

（一）群体变量指标检验与变量相关分析

根据James、Demaee和Wolf（1984）的观点，群体变量需要用个体调查结果的平均值作其观测值，这个指标需要从组内同质性和组间差异性两个方面来检验。检验结果显示，支持性、控制性组织氛围的 r_{wg} 指标的平均值为0.93、0.91，均大于0.70的建议值。*ICC*（1）指标分别为0.11、0.089，均大于0.05的建议值。*ICC*（2）指标分别为0.71、0.79，均大于0.50的建议值，表明两变量在受试单位有充足的同质性。在组间差异方面，两变量的方差分析 F 值分别为4.56、6.77，都达到比较显著的水平，表明不同受试单位之间存在明显的差异，以上分析表明，本研究用个体调查结果的平均值作为组织氛围群体变量的观测值具有较高的可信度。

在进行群体变量指数分析的基础上，再进行各变量的平均数、标准差和相关分析，本研究采用 Pearson 积差相关法检验各变量的相关系数，从表8－1的结果可以看出，9个变量具有较好的相关性。

表8－1　测量变量的平均数、标准差与相关矩阵（$N=1182$）

变量	平均数	标准差	1	2	3	4	5	6	7	8	9
1. 支持性氛围	3.81	0.66	1								
2. 控制性氛围	3.24	0.75	−0.34	1							
3. 积极情感	3.76	0.77	0.58**	−0.47**	1						
4. 消极情感	3.04	0.62	−0.24*	0.36**	−0.26	1					
5. 进取精神	4.12	0.47	0.47**	−0.39**	0.43**	−0.58**	1				
6. 认知悟性	3.43	0.57	0.26*	−0.17*	0.41**	−0.39**	0.42**	1			
7. 执行技能	3.68	0.49	0.42**	−0.38**	0.32**	−0.42**	0.38**	0.43**	1		
8. 关系技能	4.14	0.47	0.32**	0.21*	0.24*	0.16*	0.31**	0.38**	0.21*	1	
9. 影响力	2.98	0.68	0.22**	0.13*	0.18*	0.20*	0.26*	0.17*	0.16*	0.42**	1

注：* 表示 $p<0.05$，** 表示 $p<0.01$。

（二）中介模型的竞争比较

侯杰泰、温忠麟和成子娟（2004）指出，中介模型的确定，一方面要依据理论基础，另一方面要根据结构模型的拟合程度及模型的简洁性。本研究对支持性组织氛围、积极情感、员工追随行为和控制性组织氛围、消极情感、员工追随行为两组关系，分别通过三个嵌套模型（完全中介模型、部分中介模型、无中介模型）进行竞争比较，再选择其中一个数据拟合优佳并相对简洁的获胜模型。其中积极情感在支持性组织氛围与员工追随行为关系中起完全中介作用模型的拟合指数为 $\chi^2/df=2.58$，$GFI=0.93$，$RMSEA=0.07$，$CFI=0.96$，$IFI=0.92$（横截）；$\chi^2/df=2.62$，$GFI=0.94$，$RMSEA=0.07$，$CFI=0.95$，$IFI=0.93$（追踪）均优于建议值，又胜于部分中介和无中介模型。消极情感在控制性组织氛围与员工追随行为关系中起部分中介作用模型的拟合指数为 $\chi^2/df=3.14$，$GFI=0.95$，$RMSEA=0.06$，$CFI=0.93$，$IFI=0.95$（横截）；$\chi^2/df=3.22$，$GFI=0.94$，$RMSEA=0.07$，$CFI=0.94$，$IFI=0.94$（追踪）均优于建议值，又胜于完全中介和无中介模型。所以，本研究选择积极情感在支持性组织氛围与员工追随行为关系中起完全中介作用模型和消极情感在控制性组织氛围与员工追随行为关系中起部分中介模型。

（三）中介效应检验

根据 Baton 和 Kenny（1986）的观点，中介效应的检验必须符合四个条件：自变量对因变量有较为显著影响；自变量对中介变量有显著影响；中介变量对因变量有显著影响；通过加入中介变量后，自变量对因变量的影响效应减弱，则为部分中介，自变量对因变量的影响消失，则为完全中介。本研究运用结构方程对两个优胜中介模型的直接影响路径进行统计，其结果如表 8－2、表 8－3 和图 8－1 所示。

表 8－2　中介模型的第一次参数估计（$N=667$）

路径	非标准化		标准化	T 值
	路径系数	标准误		
支持性组织氛围→追随行为	0.173	0.067	0.186	2.389*
支持性组织氛围→积极情感	0.758	0.104	0.575	6.263**
积极情感→进取精神	0.956	0.206	0.841	10.672**
积极情感→认知悟性	0.765	0.162	0.784	8.332**
积极情感→执行技能	0.658	0.089	0.776	9.883**
积极情感→关系技能	0.704	0.117	0.654	7.657**
积极情感→影响力	0.684	0.096	0.632	10.332**
控制性组织氛围→追随行为	－0.203	0.075	－0.249	1.763*
控制性组织氛围→消极情感	0.685	0.126	0.506	9.836**
消极情感→进取精神	－0.533	0.204	－0.483	9.763**
消极情感→认知悟性	－0.408	0.067	－0.369	8.162**
消极情感→执行技能	－0.437	0.136	－0.463	7.958**
消极情感→关系技能	0.113	0.016	0.114	4.585
消极情感→影响力	0.189	0.084	0.286	4.769

注：* 表示 $p<0.05$，** 表示 $p<0.01$。

表 8－3　中介模型的第二次参数估计（$N=515$）

路径	非标准化		标准化	T 值
	路径系数	标准误		
支持性组织氛围→追随行为	0.175	0.070	0.185	2.456*
支持性组织氛围→积极情感	0.737	0.107	0.579	6.353**
积极情感→进取精神	0.905	0.213	0.844	10.712**
积极情感→认知悟性	0.756	0.158	0.788	8.382**
积极情感→执行技能	0.658	0.091	0.771	9.853**
积极情感→关系技能	0.704	0.117	0.654	7.657**
积极情感→影响力	0.684	0.096	0.632	10.332**
控制性组织氛围→追随行为	－0.198	0.081	－0.249	1.763*
控制性组织氛围→消极情感	0.679	0.127	0.506	9.935**

续表

路径	非标准化		标准化	T 值
	路径系数	标准误		
消极情感→进取精神	-0.539	0.204	-0.483	9.862**
消极情感→认知悟性	-0.410	0.067	-0.371	8.201**
消极情感→执行技能	-0.437	0.136	-0.483	8.058**
消极情感→关系技能	0.117	0.019	0.118	4.785
消极情感→影响力	0.191	0.087	0.279	4.669

注：* 表示 $p<0.05$，** 表示 $p<0.01$。

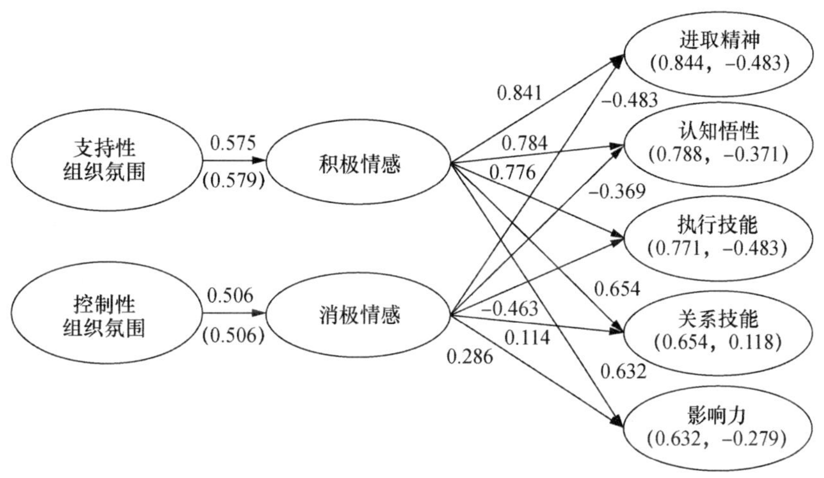

图 8-1　不同员工情感状态的中介路径

表 8-2 的标准化路径参数显示，支持性组织氛围对员工追随行为的正向效应为 0.186（横截）和 0.185（追踪），不显著；控制性组织氛围对员工追随行为的负向效应为 -0.173（横截）和 -0.236（追踪），也不显著。这说明，支持性组织氛围、控制性组织氛围对员工追随行为主要是间接的正负向影响，本研究 H8-1 和 H8-2 均得到验证。同时，统计结果显示，支持性组织

氛围对积极情感及积极情感对追随行为五维度的正向影响均显著（系数见表 8－2、表 8－3 和图 8－1）。通过加入积极情感中介后，支持性组织氛围对追随行为的直接影响系数降为 0.031（横截）和 0.043（追踪），积极情感的中介效应为 0.424（0.575 × 0.737）（横截）和 0.434（0.579 × 0.749）（追踪），其中积极情感在支持性组织氛围与追随行为五维关系中的中介效应分别为：进取精神 0.484（0.575 × 0.841）（横截）和 0.488（0.579 × 0.844）（追踪）、认知悟性 0.451（0.575 × 0.784）（横截）和 0.456（0.579 × 0.788）（追踪）、执行技能 0.446（0.575 × 0.776）（横截）和 0.446（0.579 × 0.771）（追踪）、关系技能 0.376（0.575 × 0.654）（横截）和 0.387（0.579 × 0.688）（追踪）、影响力 0.363（0.575 × 0.632）（横截）和 0.381（0.579 × 0.659）（追踪），完全中介效应显著，本研究 H8－3 得到支持。控制性组织氛围对消极情感产生正向影响效应，消极情感对员工追随行为五维度产生正负两种影响（系数见表 8－2、表 8－3 和图 8－1）。通过加入消极情感中介后，控制性组织氛围对追随行为的直接影响系数为－0.089（横截）和－0.084（追踪）；消极情感的负向中介效应为－0.222（0.506 × －0.438）（横截）和－0.226（0.538 × －0.420）（追踪）、正向中介效应为 0.101（0.506 × 0.200）（横截）和 0.096（0.538 × 0.180）（追踪），属部分中介效应。其中消极情感在控制性组织氛围与追随行为五维关系中的正负部分中介效应分别为：进取精神－0.244（0.506 × －0.483）（横截）和－0.244（0.538 × －0.453）（追踪）、认知悟性－0.187（0.506 × －0.369）（横截）和－0.200（0.538 × －0.372）（追踪）、执行技能－0.234（0.506 × －0.463）（横截）

和 -0.234（0.538 × -0.435）（追踪）、关系技能0.058（0.506 × 0.114）（横截）和0.067（0.538 ×0.125）（追踪）、影响力0.145（0.506 ×0.286）（横截）和0.126（0.538 ×0.234）（追踪），本研究 H8 -4 只得到部分支持。

五、研究展望

本研究通过667份横截有效问卷和515份追踪纵向有效问卷的统计分析，得出四个研究结果，现做如下分析讨论。①支持性组织氛围对员工追随行为产生间接正向效应（$\beta = 0.186$，$p > 0.05$）。②控制性组织氛围对员工追随行为产生间接负向效应（$\beta = -0.173$，$p > 0.05$）。因为人的态度和行为是受自身主观意识支配的，组织氛围相对个体而言是一种客观存在，个体通过对存在的感知与认知形成主观意识，才能主导自身的态度与行为，所以这两个结论符合行为心理学观点。③积极情感在支持性组织氛围与员工追随行为之间起完全中介作用。因为支持性组织氛围具有信息交流通畅，上下级人际关系平等和谐，员工享有民主自由权利，领导关心员工处事公正，同事相互协作，员工具有较高的身份认同感等良好组织特征。员工身处其境会产生积极的情感体验与认知意识，这种积极情感有助于激发员工对工作意义的认知和催生工作动机动力，强化进取精神；有助于员工拓展思维境界，放大认知迁移信号，提高认知悟性；有助于提升员工的责任感，强化工作执行力。同时，积极情感有助于员工互相移情，提高人际关系技能、辐射影响力，所以积极情感的完全中介效应显著。④消极情感在控制性组织氛围与员工追随行为之间起正负向两种部分中介效应。这一结论有两个问题值得讨论。其一，为什么积极情感在支持性组织氛围与员工追随行为之间产生完全中介效应，而消极情感在控制性组织氛围与员工追随行为之间只起部分中介作用。因为积极情感是组织倡导和高扬的正气，与组织目标保持一致，组织和员工只会激发而不会压抑这种情感。而消极情感与组织目标相悖，封闭集权组织也会通过教育、管理、激励功能帮助员工转化这种负面情绪。同时，大多数员工为了自身利益和诉求，并不会让消极情绪公开放任自流而自暴自弃，也会通过自我遮蔽、自我调节的方式弱化消极情绪的负面影响。激发积极情感和调节消极情感是影响两者中介效应水平的原因所在。其二，消极情感对追随行为的进取精神、认知悟性、执行技能产生负面影响，而对关系技能、影响力产生微弱正向影响。因为人在消极情感状态中会缺乏工作责任心而弱化进取精神，会淡化细微观察和准确判断而弱化认知悟性，会加大工作惰性而弱化执行力，所以会产生较强的负向影响。从另一方面来说，在高度集权和严密监控的组织中，员工更会通过人际关系来寻求安全感和维护自身利益。例如，许多员工因屈于领导权威和组织环境压力而被迫表现强制追随领导，就是持消极情感员工常用的一种人际关系技能（曹元坤和祝振兵，2014）。同时，在封闭式组织中，员工更为渴望民主自由和信息公开，而这些缺失会让员工形成一种逆反心理，使消极情绪比积极情绪的辐射力更快更强。这一研究结果与许晟和杨同华（2014）的另一项研究——“强制追随行为对领导效能四效标具有正负两种效应，其中对员工工作满意度、组织承诺产生负向影响，对工作绩效、组织公民行为产生微弱正面影响”的结论比较一致。⑤横截与纵向两次调查数据的统计分析显示，支持性组织氛围与员工积极情感，及与积极情感对追随行为五维度的正向影响效应误差小且稳定，表明这三者之间具有较强的因果关系。其中，支持性组织氛围是因，正向强化员工追随行为五维度是果，积极情感是连接因与果的桥梁。控制性组织氛围对员工的消极情感具有正向影响，员工的消极情感对其追随行为的进取精神、认知悟性、执行技能具有负向弱化影响，对关系技能、影响力具有微弱的正向强化影响，其效应误差小也很稳定，表明这三者也存在着因果关系。其中控制性组织氛围是因，对员工追随行为所产生的正负向影响是果，消极情感是连接因果之间的桥梁。以上因果关系符合行为心理学的基本原理。

第九章　LMX 调节的追随力与领导效能关系研究

一、导言

追随力理论研究追随者对领导者的反作用和追随力对领导效能的贡献，这一研究引起学界与业界的高度关注并进入管理学前沿。国外学界对追随力的研究已有数十年的历程，并在追随歧视反思、追随动机、追随者分类、追随者特质、追随者行为特征、追随者与领导者的关系、追随者在无层级组织中的作为等方面产生出较为丰硕的研究成果（Chaleff，1995；Collinson，2006；Kellerman，2008；Kelley，1992；Lundin，1990；Alcorn，1992；Meilinger，1994；Carsten，2007）。国内学界对追随力的研究是近几年开始起步的，目前还处在接受和传播国外研究成果的层面。

追随力与 LMX 和领导效能的关系，是追随力理论研究重要的命题之一。迄今为止，通过多次多向搜索，暂未发现国内外学界有这三者关系的研究成果公开。关于追随力与领导效能的关系，国内外学界的研究主要有两种取向：一种是从领导角度把追随力作为因变量，来服务领导力的某项研究；另一种是把追随力作为自变量来考量对领导力和组织绩效的影响。在这两类成果中，直接研究追随力对领导力反作用的成果少，而穿插在领导理论研究中的成果多；实证研究成果少，思辨性研究成果多，难以解释追随力与领导效能的动态关系。本书针对这一研究薄弱点，运用实证方式比较研究中国组织情境中，不同质的 LMX 调节作用下追随力与领导效能的差异关系。

二、研究设计

（一）追随力与领导效能的关系分析

追随力（Followership）是追随力理论的主题概念，也是追随力理论研究的着眼点和落脚点。目前国内外学界对它有多种思辨性解读。国内研究者曹元坤和许晟（2012）在解读国外学者多种不同界定观点的基础上，立足中国组织高权力距离、高关系导向、低信任度和集体主义氛围等情境，运用扎根理论，揭示出中国组织内追随者的两类追随力：一类为追随双方基于同一目标、情感相吸而产生的积极追随力；另一类是追随者屈于领导权威和环境压力而被迫表现的强制追随力。虽然这两类追随力的性质不同，但都以追随者与领导力、组织环境的交互作用为表现形态。因此，曹元坤和许晟（2012）从两类追随力的共性角度对其做出归纳性解读：追随力是追随者在领导力的影响下，运用自身进取精神、认知悟性、执行技能、关系技能、向上影响力等特质，在工作实践中与领导力、组织环境相互作用的能动行为。领导效能是一个宽泛的概念，不同的研究者从不同的角度有着不同的解读，而其中较有影响的是菲德勒（1989）所作的界定：领导效能指一个群体执行其基本分配任务所取得成功的程度。对领导效能的衡量，国内外学界也有多种观点，但大多数倾向从组织（组织目标达成水平、组织持续发展环境等）和个体（满意度、情感承诺、公民行为等）两个层面来评价。王震和孙健敏（2012）在一项领导效能元分析中，把群体下属的态度（满意度、情感承诺）和行为（任务绩效、公民行为）变量作为领导效能的效标，并指出这些均是组织管理领域的重要变量，同时被证实对组织发展具有重要影响。因此，本研究的领导效能也采用群体任务绩效、工作满意度、情感承诺和组织公民行为为效标。

关于追随力与领导效能的关系，追随力理论认为：追随力与领导力是相伴共生关系（Kellerman，2008）。Kelley（1992）指出，领导效能是众多追随者在一定组织环境中与领导力相互作用的函数。Depree（1992）也指出，领导效能是群体追随者的追随力所创造，这种创造能量源于追随者的正直忠诚、积极进取、灵活敏达、与领导者目标一致和相应的人际政治技能。Carsten（2007）从追随者的行为职责方面指出，追随行为是针对领导者而言的，是支持领导决策、忠实执行领导指令的行为，是与领导有效沟通的行为，是帮助领导承担工作责任的行为，是协助领导解决处理问题的行为。同时他还指出，不管追随者出于何种动机追随领导，但其参与组织活动的最终目标只能是创造领导绩效。曹元坤和许晟（2012）在元分析积极追随和强制追随行为动机时指出，积极追随基于共同体目标，是追随领导工作所表现的自发行为；而强制追随则是屈于压力所表现的追随行为，两种不同的态度会导致他们不同的行为表现和行为结果。基于上述研究者的观点，提出下列假设：

H9－1：积极追随力对群体任务绩效、情感承诺、工作满意度和组织公民行为均产生显著的正向效应。

H9－2：强制追随力对群体任务绩效、组织公民行为的正向效应会明显低于积极追随力的正向效应水平，而对群体的情感承诺和工作满意度会产生负向效应。

（二）LMX 的调节作用分析

领导—下属交换（LMX）是关于上下级人际交换关系的理论。Graen 和 Cashman（1975）指出：在任何一个组织中，各层级的领导和其下属之间都存在着非正式的、比较稳定的社会交换过程，这个交换过程是通过垂直对子联结（Vertical Dyad Linkage）的方式表现出来。该理论的主要观点是：由于资源、精力等所限，领导者在工作中会区分不同的下属，并与之建立不同质的交换关系。其中与领导个性特征具有较高相容性的下属，易成为领导的圈内成员，能从领导那里得到更多的信任、信息、资源和授权等支持性关照；而大部分则被领导视为圈外成员，他们很少能得到领导信任和关照。

Schriesheim（1998）研究证实，在高质量交换中，领导会赋予下属更多的权力和自主性去完成挑战性工作，通过提高授权水平，不仅会增强下属的组织认同和自我效能感，同时也会激励下属以更饱满的热情和积极行动支持领导者实现组织目标。Liden（2000）也得出类似的研究结果，随着领导—下属交换质量的提升，他们之间的价值观、目标信念等个体特征有更多的一致性，这会显著提高下属对工作意义、企业竞争、应变能动性和组织影响力的认知水平，下属就会把实现组织目标视为自己必须履行的职责。曹元坤和许晟（2012）在积极追随力与强制追随力的比较研究中发现，积极追随力与高 LMX 相联系；强制追随力则与低 LMX 相联系。Mayfield（1998）通过实证发现，圈内成员的工作绩效要普遍高于圈外成员的 20% 左右；工作满意度则要高出 50% 左右，而且这种差异已被各种不同的职务类型证实。由此可见，在中国组织情境中，LMX 不仅是下属的工作导向，而且是下属工作动力的重要来源。根据上述研究观点，提出下列假设：

H9 - 3：高 LMX 对积极追随力与领导效能（群体任务绩效、情感承诺、工作满意度、组织公民行为）的关系起正向调节作用。

H9 - 4：低 LMX 对强制追随力与领导效能（群体任务绩效、情感承诺、工作满意度、组织公民行为）的关系起负向调节作用。

（三）研究架构

根据上述变量与假设，本研究将重点检验高、低 LMX 对积极与强制追随力和领导效能四效标关系的调节效应，实证研究架构如图9－1所示。

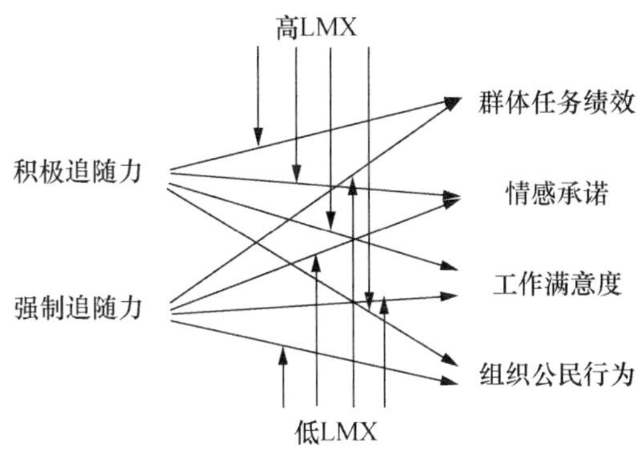

图9－1　本书实证研究架构

三、研究方法

（一）测量工具

（1）追随力的测量：采用曹元坤和许晟（2012）开发的追随力问卷，该问卷包括20个条目的积极追随力分量表和10个条目的强制追随力分量表，在本研究中的信度分别为0.836和0.807。

（2）LMX 的测量：采用学界普遍使用的 LMX－7 量表，Hui（1999）已将其翻译成中文并在中国组织情境中广泛使用，该量表在本研究中的信度为 0.864。

（3）领导效能的测量：采用 Bono 和 Judge（2003）工作满意度 5 条目；Williams 和 Anderson（1991）组织公民行为 6 条目和任务绩效 5 条目；Meyer 和 Allen（1991）组织承诺量表的情感承诺分量表 4 条目。该问卷是王淑红博士（2008）翻译、校对和使用后的成熟量表，在本研究中的信度分别为 0.844、0.871、0.813、0.808。

本研究所借用的国外量表均再一次进行了英汉互译校对和预测探索性与验证性因素分析，都具有较高信效度，符合心理测量学要求。以上测量工具均采用 Likert 五级计分：1 = 不认同，5 = 完全认同。

（二）采样要求

（1）样本被试必须是全职在本企业工作满一年以上的员工，不包括兼职、短期见习和高跳槽率者。

（2）本次为配对互评调查，分主管与部属问卷，其中主管问卷评价其部属的两种追随力，共 30 个条目；员工问卷评价自己与主管的交换关系和领导效能，共 27 个条目。本研究要求被试主管必须有 2 个以上直接下属，一名被试主管填答 2 份问卷，一份评价自觉主动追随者的积极追随力，一份评价消极被动追随者的强制追随力。

（3）为了保证调查质量，调查小组直接到企业车间、部门和网点分别与主管、下属受试，宣讲调查目的、保密性等指导语，当场发放和回收问卷。为了防止被试刻意揣摩调查者意图，要求被试在 10 分钟内填答完，回收问卷后当即做好配对编号。

（三）样本特征

本次样本数据来源于江西省南昌地区多类型企业，共发放调查问卷 1000 份，其中主管、下属问卷各 500 份，回收问卷 935 份（主管问卷 459 份，下属问卷 476 份）。通过剔除人口统计信息缺失 3 项以上的问卷、漏答在 3 项以上和多答在 2 项以上的问卷、连续 8 个选项相同的问卷、乱涂乱画的问卷、有明显作答反应倾向的问卷后，主管问卷 417 份，下属问卷 396 份，为了形成一比一的配对问卷，本研究再剔除 21 份主管问卷，最后形成 396 份有效配对问卷。其人口学特征（%）是：男性为 53.7%，女性为 46.3%；30 岁以下为 32.4%，30～40 岁为 55.7%，40 岁以上为 11.9%；高中文化及以下为 9.1%，大专为 28.3%，本科为 56.2%，研究生为 6.4%；工龄 5 年及以下为 30.1%，5～10 年为 46.7%，10 年以上为 23.2%；生产加工类企业为 47.2%，营销服务企业为 52.8%。

四、研究结果

本研究的积极追随力、强制追随力和 LMX 是个体配对层面的变量，而群体任务绩效、情感承诺、工作满意度、组织公民行为均为群体层面的变量，它们是一个跨层面的影响关系，需要用多层线型模型来统计分析。

（一）测量模型的检验与群体层面变量指标分析

为了保证测量与统计结果的可靠性，本研究首先对测量模型7个变量进行验证性因素分析。以7个变量为基准模型，再将7个变量分别组合为三因素模型（积极追随力、强制追随力合并为追随力，领导效能作为一个变量，加上LMX）、四因素模型（积极追随力、强制追随力、LMX、领导效能）、五因素模型（积极追随力、强制追随力、LMX、将领导效能分为态度结果变量和行为结果变量）、单因素模型（将7个变量视为1个变量）。验证性因素分析结果显示，七因素模型各项拟合指数完全符合心理测量学要求（$\chi^2=483.79$；$df=181$；$CFI=0.934$；$IFI=0.921$；$RMSEA=0.071$；$RMP=0.05$），表明七构念具有较好的可区分度。

本研究中领导效能的四个效标：群体任务绩效、情感承诺、工作满意度、组织公民行为均为群体层面变量，根据James、Demaee和Wolf（1984）的观点，需要用企业个体调查结果的平均值作为其观测值，这个指标需要从组内同质性和组间差异性两个方面来检验。检验结果显示，这四个因变量的r_{wg}指标的平均值分别为0.92、0.89、0.94、0.79，都大于0.70的建议值。它们的*ICC*（1）分别为0.11、0.089、0.21、0.15，都大于0.05的建议值，表明四变量在企业中有充足的内部同质性。它们的*ICC*（2）分别为0.72、0.81、0.93和0.79，都大于0.50的建议值；在组间差异方面，这四个变量方差分析的*F*值分别为4.43、6.85、9.27、8.26，都达到了比较显著的水平，表明不同企业之间存在着明显的差异。以上统计分析表明，本研究用个体调查结果的平均值作为群体层面变量的观测值具有较高可信度。

在进行群体层面变量指数分析的基础上，再进行各研究变量的平均数、标准差和相关系数分析（见表 9 - 1）。从表中可以看出，7 个变量具有较好的相关性，可以客观反映 7 个变量的关系。

表 9 - 1　各研究变量的平均数、标准差与相关矩阵（N = 396）

变量	平均数	标准差	1	2	3	4	5	6	7
1. 积极追随力	12.70	1.93	(0.836)						
2. 强制追随力	10.38	1.52	0.16	(0.807)					
3. LMX	17.83	2.17	0.34 **	-0.09	(0.844)				
4. 群体任务绩效	10.49	1.76	0.27 **	0.11	0.18 **	(0.844)			
5. 情感承诺	9.23	1.98	0.29 **	-0.12	-0.26 **	0.17 **	(0.871)		
6. 工作满意度	12.02	1.59	0.36 **	-0.21	0.25 **	0.10	0.28 **	(0.813)	
7. 组织公民行为	14.77	2.03	0.33 **	0.08	0.41 **	0.19 **	0.31 **	0.38 **	(0.808)

注：** 表示 $p<0.01$（均双尾检验）；括号中为信度系数。

（二）实证模型的研究假设检验

本研究将采用多元回归分析来探讨积极追随力、强制追随力对领导效能四效标的直接主效应，以及高低两组 LMX 在积极、强制追随力与领导效能之间的差异化调节作用。由于不同行业有不同的工作性质，如生产加工、营销服务等，因此，本研究首先控制行业性质，然后在追随力、LMX、领导效能之间建立线性回归方程，通过检验回归系数 β 的显著性来确认三方 7 个变量之间的线性关系。实证结果如表 9 - 2 至表 9 - 5 所示。

表 9-2 基于 SPSS 分析的假设验证结果（因变量：群体任务绩效）（$N=396$）

解释变量	第 1 步	第 2 步	第 3 步	第 4 步	第 5 步	第 6 步	第 7 步	第 8 步
行业性质	-0.121	-0.023	-0.064	-0.138	-0.017	0.006	0.030	-0.019
积极追随力			0.546**		0.327**		0.122	
强制追随力				0.084		-0.133		-0.047
高 LMX		0.567**			0.403**		0.112	0.549**
低 LMX		0.134			0.107		-0.008	-0.263
高 LMX×积极追随力							0.536**	
低 LMX×强制追随力								-0.147
R^2	0.016	0.342	0.288	0.072	0.294	0.346	0.403	0.413
F	3.429	42.672**	36.283**	7.301**	33.447**	27.843**	29.383**	27.677**
$\triangle R^2$	0.018	0.321	0.284	0.043	0.104	0.275	0.007	0.072
$\triangle F$	3.504	37.346	34.652	3.038	0.198	21.438	-8.775	-0.212

注：①本研究将被试对 LMX 的评价分为高低两组统计并列入回归方程（下同）。②表中系数均为非标准化的回归系数（下同）。③ * 表示 $p<0.05$，** 表示 $p<0.01$（下同）。

表 9-3 基于 SPSS 分析的假设验证结果（因变量：情感承诺）（$N=396$）

解释变量	第 1 步	第 2 步	第 3 步	第 4 步	第 5 步	第 6 步	第 7 步	第 8 步
行业性质	-0.092	0.088	-0.013	-0.042	0.078	0.085	0.082	0.106
积极追随力			0.442**		0.188		0.557**	
强制追随力				-0.113		0.091		-0.310
高 LMX		0.636**			0.377**		0.662**	0.740**
低 LMX		0.147			-0.084		-0.127	0.038
高 LMX×积极追随力							0.445**	
低 LMX×强制追随力								-0.122
R^2	0.004	0.525	0.288	0.089	0.382	0.528	0.378	0.548

续表

解释变量	第 1 步	第 2 步	第 3 步	第 4 步	第 5 步	第 6 步	第 7 步	第 8 步
F	2.256	83.242 **	35.283 **	10.006 **	36.433 **	63.841 **	29.483 **	47.815 **
$\triangle R^2$	0.004	0.536	0.287	0.087	0.102	0.438	0.041	0.003
$\triangle F$	2.258	82.764	34.265	8.143	0.903	53.947	-7.763	-15.967

表 9-4　基于 SPSS 分析的假设验证结果（因变量：工作满意度）（N=396）

解释变量	第 1 步	第 2 步	第 3 步	第 4 步	第 5 步	第 6 步	第 7 步	第 8 步
行业性质	-0.039	0.086	0.018	0.032	-0.066	0.118	0.079	0.133
积极追随力			0.457 **		0.214		1.055	
强制追随力				-0.047		-0.017		-0.125
高 LMX		0.604 **			-0.417 **		1.318 **	0.577 **
低 LMX		0.089			-0.103		-0.211	-0.089
高 LMX × 积极追随力							0.347 **	
低 LMX × 强制追随力								-0.169
R^2	-0.006	0.326	0.161	0.150	0.332	0.366	0.357	0.362
F	0.251	41.332 **	18.012 **	17.343 **	26.789 **	33.268 **	24.818 **	25.714
$\triangle R^2$	-0.006	0.334	0.177	0.155	0.176	0.223	0.025	-0.005
$\triangle F$	0.251	41.187	18.332	-27.764	13.289	18.167	4.368	-8.407

表 9-5　基于 SPSS 分析的假设验证结果（因变量：组织公民行为）（N=396）

解释变量	第 1 步	第 2 步	第 3 步	第 4 步	第 5 步	第 6 步	第 7 步	第 8 步
行业性质	-0.133	-0.031	0.058	-0.142	0.019	0.107	-0.088	-0.015
积极追随力			0.575 **		0.403		0.214	
强制追随力				0.027		-0.149		-0.056
高 LMX		0.609 **			0.517 **		0.138	0.437 **
低 LMX		0.206			-0.109		-0.077	-0.255

续表

解释变量	第1步	第2步	第3步	第4步	第5步	第6步	第7步	第8步
高 LMX × 积极追随力							0.556**	
低 LMX × 强制追随力								-0.087
R^2	-0.007	0.417	0.167	0.288	0.316	0.366	0.351	0.342
F	0.282	38.404**	18.343**	16.556**	28.185**	33.440**	23.824**	25.838**
$\triangle R^2$	-0.007	0.320	0.189	0.173	0.185	0.232	0.075	-0.013
$\triangle F$	0.280	40.631	17.347	-22.369	14.395	-4.375	18.261	-9.397

1. 追随力对领导效能的直接主效应分析

从表9-2至表9-5的分析结果可以看出，积极追随力对领导效能的群体任务绩效有显著正向影响（表9-2第3步，$\beta=0.546$，$p<0.01$）；对情感承诺有显著的正向影响（表9-3第3步，$\beta=0.442$，$p<0.01$）；对工作满意度有显著正向影响（表9-4第3步，$\beta=0.457$，$p<0.01$）；对组织公民行为有显著的正向影响（表9-5第3步，$\beta=0.575$，$p<0.01$），本研究H9-1得到实证数据的支持。

表9-2至表9-5的分析结果同时显示，强制追随力对领导效能群体任务绩效的正向影响比较微弱（表9-2第4步，$\beta=0.084$）；对组织公民行为的正向影响也比较微弱（表9-5第4步，$\beta=0.027$）；明显低于积极追随力对任务绩效、组织公民行为的正向影响水平。强制追随力对情感承诺产生负向影响，但不显著（表9-3第4步，$\beta=-0.113$）；对工作满意度产生负向影响（表9-4第4步，$\beta=-0.047$），但也不显著，本研究H9-2也得到实证数据支持。

2. 高低 LMX 的调节效应分析

从表9－2 至表9－5 的统计结果还能看出，高 LMX 正向调节积极追随力与领导效能四效标的关系。其中对群体任务绩效的正向调节水平（表 9－2 第 7 步，$\beta=0.536$，$p<0.01$）；对情感承诺的正向调节水平（表 9－3 第 7 步，$\beta=0.445$，$p<0.01$）；对工作满意度的正向调节水平（表 9－4 第 7 步，$\beta=0.347$，$p<0.01$）；对组织公民行为的正向调节水平（表 9－5 第 7 步，$\beta=0.556$，$p<0.01$），由此可见，本研究 H9－3 得到验证。

表9－2 至表9－5 的实证数据显示，低 LMX 负向调节强制追随力与领导效能四效标的关系。其中对群体任务绩效的负向调节水平（表9－2 第 8 步，$\beta=-0.147$）；对情感承诺的负向调节水平（表9－3 第 8 步，$\beta=-0.122$）；对工作满意度的负向调节水平（表9－4 第 8 步，$\beta=-0.169$）；对组织公民行为的负向调节水平（表9－5 第 8 步，$\beta=-0.087$）。本研究 H9－4 得到验证。

五、研究展望

（一）主要研究结论

本书采用 396 份主管与下属配对互评问卷收集数据进行统计分析，得到如下研究结论。

（1）积极追随力对领导效能的群体任务绩效、情感承诺、工作满意度、组织公民行为均具有显著的直接正向影响，影响水平分别为0.546、0.442、0.457、0.575。

（2）强制追随力对领导效能四效标有正负两种影响，其中对群体任务绩效、组织公民行为有微弱的正向影响，影响水平为0.084和0.027；对情感承诺、工作满意度有负向影响，影响水平为-0.113和-0.047。

（3）高LMX显著正向调节积极追随力与领导效能四效标的关系，正向调节系数分别为：群体任务绩效0.536，情感承诺0.445，工作满意度0.347，组织公民行为0.556。LMX质量愈高，其正向调节效应就愈强。

（4）低LMX负向调节强制追随力与领导效能四效标的关系，负向调节系数分别为：群体任务绩效-0.147，情感承诺-0.122，工作满意度-0.169，组织公民行为-0.087。LMX质量愈低，其负向调节效应就愈强。

（二）研究结果讨论

（1）从“积极追随力对领导效能四效标均具有显著的直接正向效应”的结果可以看出，积极追随力是追随者在领导力影响下，运用自身进取精神、认知悟性、执行技能、关系技能、向上影响力等特质，主动与领导力和组织环境相互作用的能动行为，这种能动行为从态度、能力、行为和人际关系的综合角度，可以满足创造领导效能的基本要素和实践需要，所以会产生较强的正向效应，表明积极追随力是推动组织发展的强劲内部动力。同时，本研究结论也进一步支持了Bruce（2009）“追随力是创造领导绩效的源泉”的理论观点。

（2）从“强制追随力对领导效能有正负两种影响，其中对群体任务绩效、组织公民行为有微弱的正向影响，而对情感承诺、工作满意度产生负向影响”的结果可以看出：①追随者在组织中并非整齐划一的个体；②强制追随力是部分个体屈于领导权威、组织环境与就业环境压力而被迫表现的行为；③强制追随者并非发自内心情愿表现追随行为，所以强制追随力对情感承诺、工作满意度只能是负向影响；④虽然强制追随者心有不甘，但屈于领导权威和组织压力，不得不在外显行为中有所表现，所以强制追随力对群体任务绩效、组织公民行为有微弱的正向影响。

（3）“高 LMX 显著正向调节积极追随力与领导效能四效标的关系，LMX 质量愈高，其正向调节效应就愈强”说明：①积极主动追随领导者工作的追随者，一般都与领导者有着“同向的利益诉求、共同的自我概念、相似的主观感知”，这种利益与情感的一致性能持续激发追随者积极努力工作的动力。②在高质量交换中，领导会给予追随者更大更多的信任与授权，这会显著提高追随者完成各种挑战性工作的主动权和能动性。在中国社会讲究感恩图报传统文化的影响下，追随者会产生一种“士为知己者死”的回报心理，用更加积极主动的追随行为创造绩效来回报领导，所以高 LMX 具有显著正向调节积极追随力与领导效能关系的功能。

（4）从“低 LMX 负向调节强制追随力与领导效能的关系，LMX 质量愈低，其负向调节效应就愈强”中可以看出一个变化，即强制追随力对领导效能的群体任务绩效、组织公民行为具有微弱的直接正向效应，但这种微弱的直接正向效应通过低 LMX 的调节反而消失，这种变化只能说明：①高低质 LMX 会分别从正负两极调节追随力与领导效能的关系；②由于强制追随力没有行为主体的积极心理支撑，在工作实践中往往会表现得脆弱和多变；③低LMX 的追随者在表现强制追随力与领导力交互时，如果领导者没有及时做出相应的反应，就会伤害追随者的自尊，使追随者原本因低 LMX 而自卑的心理向逆反心理转化，这种逆反心理容易导致双方交换关系的恶化而中断、瓦解或改变追随者原来的正常工作行为，如对工作不负责任、不愿履行公民行为等。

从以上四项研究结果分析中可以看出，积极追随力多与高 LMX 相联系，强制追随力多与低 LMX 相联系。这些研究结果可以给业界管理者以下启示：①进一步深刻认识积极追随力是推动组织发展的强劲内部动力；②只有不断改善 LMX 质量，才能充分激发追随者创造领导绩效的积极性与能动性；③LMX 是一种动态发展变化的人际交换关系，高 LMX 需要领导者和追随者共同建设，加强与追随者的双向互动，以赢得更多追随者的积极追随力，是提高领导效能的根本路径。

本研究虽然运用“领导—下属”配对互评问卷收集数据，较好地控制同源误差，但由于本研究的样本只采集了横截面数据，因此，本研究主要探讨的是变量间的相关关系，而非纵向因果关系。未来的研究要扩大样本采集面，以考量不同地域文化对变量关系的差异影响；同时也应搜集跨时间段的纵向追踪数据，以考量变量间的因果关系，使研究结论具有跨地域文化的普适性。

第十章　总结与展望

一、结论汇总

通过本书第四章至第九章6个实证探索检验，共获得如下研究结果。

（1）通过与26位精英追随者的深度访谈，挖掘他们长期实践中如何运用追随行为的能动性与领导和组织情境交互创造追随效率的经验共识。证实追随者对领导的交互行为指向要体现对领导所思所求的针对性；追随方案（思路）要体现对解决问题的实用性；追随方式与策略要体现灵活开拓的创新性；追随交互行为表达要体现适时适场景的时效性；配合领导的互动要体现默契性，是追随者灵活应对动态组织情境和满足领导工作差异化需求能动性的基本要求。与之相对应的追随行为能动性量表具有较高的信效度，符合心理与行为测量学的要求。

（2）通过246份领导与追随者的开放问卷和256组主管—员工配对问卷的质化与量化研究证实：在高权力距离和高关系导向的本土文化情境下，组织中领导与其追随者的互惠合作关系具有目标相同、利益相联、认知相近、情感相融、行为相助五个典型特征。与之相对应的领导者与追随者关系的测量量表具有较高的信效度，符合心理测量学的要求。

（3）通过356组员工—主管配对问卷和297组配对追踪问卷数据的两次统计分析证实：①高传统性人格对被动追随行为产生正向预测效应；高主动性人格对积极追随行为产生正向预测效应。②调节焦点在个体人格特征与追随行为关系中起中介作用：其中促进型调节焦点在个体主动性人格与积极追随行为关系中起部分中介作用；防御型调节焦点在个体传统性人格与被动追随行为关系中也起部分中介作用。③LMX调节个体人格特征与调节焦点的关系；其中高LMX强化个体主动性人格与促进型调节焦点的关系；弱化传统性人格与防御型调节焦点的关系。

（4）通过398组员工—主管配对样本和322组追踪配对样本数据的统计分析证实，授权领导对员工追随行为发生既有直接的正向效应，通过心理授权的部分中介，也有间接的正向效应；威权领导对员工的追随行为发生既有直接的负向效应，通过心理授权也有间接的负向效应。LMX调节授权领导、威权领导与员工心理授权的关系，即LMX强化授权领导对员工心理授权的正向影响水平，反向弱化威权领导对员工心理授权的负向影响水平，LMX质量越高，其调节效应越强，反之则越弱。

（5）运用结构方程模型对667份样本和515份追踪样本进行统计分析，结果显示，支持性组织氛围对员工的积极情感；控制性组织氛围对员工的消极情感均产生显著的直接影响。其中，积极情感对员工追随行为五维度均具有显著的正向影响，而消极情感对员工追随行为则为正负两种影响。积极情感完全中介支持性组织氛围与员工追随行为的关系；消极情感部分中介控制性组织氛围与员工追随行为的关系，其中对追随行为的进取精神、认知悟性、执行技能起负向中介效应，对关系技能、向上影响力起微弱的正向中介效应。

（6）通过396组员工—主管配对互评问卷收集数据，比较分析在不同质的LMX调节作用下，积极追随行为、强制（消极）追随行为对领导效能四效标的关系。实证统计结果显示，积极追随行为对领导效能四效标都有显著的正向直接效应；强制追随行为与领导效能有正负两种直接效应。其中，对群体任务绩效、组织公民行为有微弱的正向效应，而对情感承诺、工作满意度产生负向效应。高LMX在积极追随行为与领导效能四效标关系中均起正向调节作用；低LMX在强制追随行为与领导效能四效标关系中起负向调节作用。

二、统计汇总

本书的研究假设检验结果汇总如表10－1所示。

表10－1　本书的研究假设检验结果汇总

假设	统计结果	结论
追随行为能动性的五维内在要求	高阶因素的拟合结果为：$\chi^2/df=2.538$，$GFI=0.936$，$NFI=0.923$，$CFI=0.915$，$IFI=0.940$，$RMSEA=0.041$，$PNFI=0.806$	拟合优佳

续表

假设	统计结果	结论
追随行为能动性量表	总体结构的分半信度为0.813，一致性α系数为0.842；五个因素的分半信度为0.779~0.827，一致性α系数为0.785~0.842，符合测量学对信度的要求	信度优佳
领导者与追随者关系的特征结构	高阶因素的拟合结果为：$\chi^2/df=2.545$，$GFI=0.936$，$NFI=0.927$，$CFI=0.919$，$IFI=0.941$，$RMSEA=0.042$，$PNFI=0.803$	拟合优佳
领导者与追随者关系量表	总体结构的分半信度为0.812，一致性α系数为0.841，五个结构因素的分半信度为0.778~0.826，一致性α系数为0.782~0.833，符合测量学对信度的要求	信度优佳
H6-1：个体的主动性人格导向其积极追随行为影响；传统性人格导向其被动追随行为的影响	①主动性人格对积极追随行为的直接影响效应为0.392（$p<0.05$），加入中介变量后，直接影响效应下降为0.283（$p<0.05$）。②传统性人格对被动追随行为的直接效应为0.377（$p<0.05$），加入中介变量后，直接影响效应为0.265（$p<0.05$），表明个体人格特质对员工追随行为具有直接和间接双重影响	支持
H6-2：调节焦点在个体人格特征与追随行为关系中起中介作用。其中，传统性人格通过影响个体的防御型动机调节焦点来导发被动追随行为；主动性人格通过影响个体的促进型动机调节焦点来导发积极追随行为	①促进型调节焦点在主动性人格与积极追随行为关系中的中介效应分别为$0.601\times0.714=0.429$（横截）和$0.685\times0.713=0.488$（追踪），属部分中介；②防御型调节焦点在传统性人格与被动追随行为关系中的中介效应分别为$0.583\times0.649=0.378$（横截）和$0.648\times0.626=0.406$（追踪），也属部分中介	支持

续表

假设	统计结果	结论
H6-3：LMX对个体人格特征与动机调节焦点的关系具有调节作用，即高LMX强化主动性人格与促进型调节焦点的关系；弱化传统性人格与防御型调节焦点的关系	①主动性人格与LMX交互项对个体促进型调节焦点的调节效应为0.324（横截）和0.332（追踪）；②传统性人格与LMX交互项对个体防御型调节焦点的调节效应为-0.116（横截）和-0.125（追踪）	支持
H6-4：组织公平感知在个体人格特征与动机调节焦点关系中起调节作用，其中高组织公平感知强化员工主动性人格与的促进型动机调节焦点，弱化传统性人格与防御型动机调节焦点的关系；低组织公平感知负向强化员工的传统性人格与防御型动机调节焦点，弱化主动性人格与促进型动机调节焦点的关系	①主动性人格与组织公平感知交互项对个体促进型调节焦点的调节效应为0.497（横截）和0.463（追踪）；②传统性人格与组织公平感知交互项对个体防御型调节焦点的调节效应为0.251（横截）和0.263（追踪）	支持
H7-1：授权领导风格正向影响员工的追随行为；威权领导风格负向影响员工的追随行为	①授权领导对员工追随行为的直接效应为0.288（横截）和0.276（追踪），不显著；②威权领导对员工追随行为的直接效应为-0.253（横截）和-0.246（追踪），也不显著，说明授权领导、威权领导对员工追随行为既有直接，又有间接的双重正负向影响	支持
H7-2：心理授权在授权（威权）领导与员工追随行为关系中起中介作用，即授权领导通过强化员工的心理授权水平诱导和催生员工的追随行为；而威权领导会弱化员工的心理授权水平而压抑员工的追随行为	①心理授权在授权领导与员工追随行为中的中介效应为0.429（横截）和0.417（追踪），属于部分中介；②心理授权在威权领导与员工追随行为中的中介效应为-0.284（横截）和-0.249（追踪），也属于部分中介	支持

续表

假设	统计结果	结论
H7-3：LMX在授权（威权）领导与员工心理授权关系中起调节作用，高LMX强化授权领导对员工心理授权的正向影响效应；弱化威权领导对员工心理授权的负向影响效应	①LMX与授权领导的交互效应对员工心理授权具有积极的正向调节效应（$\beta=0.263$，$p<0.01$）；②LMX与威权领导的交互效应对员工的心理授权具有弱化威权领导负面影响的调节效应（$\beta=-0.285$，$p<0.01$）	支持
H8-1：支持性组织氛围对员工的追随行为产生间接正向效应	支持性组织氛围对员工追随行为的直接正向影响效应为0.186（横截）和0.185（追踪），说明支持性组织氛围对员工追随行为主要是间接的正负向影响	支持
H8-2：控制性组织氛围对员工的追随行为产生间接负向效应	控制性组织氛围对员工追随行为的直接负向效应为-0.173（横截）和-0.236（追踪），也不显著，说明控制性组织氛围对员工追随行为主要是间接的正负向影响	支持
H8-3：积极情感在支持性组织氛围与员工追随行为关系中起中介效应	加入积极情感中介后，支持性组织氛围对追随行为的直接影响系数降为0.031(横截)和0.043(追踪)，积极情感的中介效应为0.424(0.575×0.737)(横截)和0.434(0.579×0.749)(追踪)，其中积极情感在支持性组织氛围与追随行为五维关系中的中介效应分别为：进取精神0.484（0.575×0.841)(横截)和0.488(0.579×0.844)(追踪)、认知悟性0.451(0.575×0.784)(横截)和0.456(0.579×0.788)(追踪)、执行技能0.446(0.575×0.776)(横截)和0.446(0.579×0.771)(追踪)、关系技能0.376(0.575×0.654)(横截)和0.387(0.579×0.688)(追踪)、影响力0.363(0.575×0.632)(横截)和0.381(0.579×0.659)（追踪），完全中介效应显著	支持

续表

假设	统计结果	结论
H8－4：消极情感在控制性组织氛围与员工追随行为关系中起中介效应	加入消极情感中介后，控制性组织氛围对追随行为的直接影响系数为－0.089（横截）和－0.084（追踪）；消极情感的负向中介效应为－0.222（0.506×－0.438）（横截）和－0.226（0.538×－0.420）（追踪）、正向中介效应为0.101（0.506×0.200）（横截）和0.096（0.538×0.180）（追踪），属部分中介效应。其中，消极情感在控制性组织氛围与追随行为五维关系中的正负部分中介效应分别为：进取精神－0.244（0.506×－0.483）（横截）和－0.244（0.538×0.453）（追踪）、认知悟性－0.187（0.506×－0.369）（横截）和－0.200（0.538×0.372）（追踪）、执行技能－0.234（0.506×－0.463）（横截）和－0.234（0.538×－0.435）（追踪）、关系技能0.058（0.506×0.114）（横截）和0.067（0.538×0.125）（追踪）、影响力0.145（0.506×0.286）（横截）和0.126（0.538×0.234）（追踪）	支持
H9－1：积极追随力对群体任务绩效、情感承诺、工作满意度和组织公民行为均产生显著的正向效应	积极追随力对领导效能的任务绩效有显著正向影响（$\beta=0.546$，$p<0.01$）；对情感承诺有显著的正向影响（$\beta=0.442$，$p<0.01$）；对工作满意度有显著正向影响（$\beta=0.457$，$p<0.01$）；对组织公民行为有显著的正向影响$\beta=0.575$，$p<0.01$）	支持
H9－2：强制追随力对群体任务绩效、组织公民行为的正向效应会明显低于积极追随力的正向效应水平，而对群体的情感承诺和工作满意度会产生负向效应	强制追随力对领导效能的任务绩效的正向影响效应微弱（$\beta=0.084$）；对组织公民行为的正向影响效应微弱（$\beta=0.027$）；对情感承诺产生负向影响微弱（$\beta=-0.113$）；对工作满意度产生负向影响（$\beta=-0.047$）	支持

续表

假设	统计结果	结论
H9－3：高 LMX 对积极追随力与领导效能（群体任务绩效、情感承诺、工作满意度、组织公民行为）的关系起正向调节作用	高 LMX 正向调节积极追随力与群体任务绩效的关系（$\beta = 0.536$，$p < 0.01$）、与情感承诺的关系（$\beta = 0.445$，$p < 0.01$）、与工作满意度的关系（$\beta = 0.347$，$p < 0.01$）、与组织公民行为的关系（$\beta = 0.556$，$p < 0.01$）	支持
H9－4：低 LMX 对强制追随力与领导效能（群体任务绩效、情感承诺、工作满意度、组织公民行为）的关系起负向调节作用	低 LMX 负向调节强制追随力与群体任务绩效的关系（$\beta = -0.147$）、与情感承诺的关系（$\beta = -0.122$）、与工作满意度的关系（$\beta = -0.169$）、与组织公民行为的关系（$\beta = -0.087$）	支持

三、创新亮点

（1）本书切换了传统的研究视角，主要反映在两个方面：一是切换了传统以领导力为自变量、追随行为为因变量的研究视角，而是反向以追随行为为自变量、领导力为因变量，探索追随行为对领导力和组织情境的能动交互作用，突出了追随行为对领导效能和组织目标的创造价值。二是探索追随行为概念的内涵结构。现有的做法多是从追随者的态度、特质视角进行解读。这种解读结果只能帮助追随者了解有效的追随行为主要是由何种态度和特质构成，对指导追随者如何提高追随行为效率并没有实质性帮助。本书切换了这种传统性的解读角度，而是从追随者与领导和组织情境交互作用的能动性视角，揭示追随行为的内在典型特征。因为人的行为是个体主观能动性如何满足不同的社会实践需要的反映。只有从这种视角解读，才能既提高追随理论对员工多形态追随行为的科学解释力，又能对员工提高追随行为技能具有很强的实用指导价值。

（2）本书的所有内容研究都扎根于多元文化同时并存的本土组织情境中。本土组织正处在传统文化、改革开放创新的时代文化，并伴随我国对外开放涌入的西方文化相互交织、相互碰撞的特有情境中。这种多元文化相互激荡构成了国人复杂而独特的心理结构。在本土集体主义氛围中，上下级高权力距离、群体中高关系导向，组织实施人治控制管理，强调下属忠诚与顺从，个体价值因群体而存在，并在群体中体现的传统文化特征作为一种客观存在的潜规则，对国人的思想和行为选择有着深刻的潜在影响。同时，时代文化弘扬终身学习、改革创新、开拓进取、自我实现的新型理念对国人的思想与行为产生着强烈的直接影响，以及西方文化倡导的拜金主义、享乐主义和极端个人主义思潮对国人的负面影响也不可低估。因此，考量和分析追随者的行为选择心理，我们决不能只注重或传统文化或时代文化或西方文化的影响，而只有从人受多元文化相互影响所形成的复杂心理来综合考量认知，才能得到比较准确的研究结果。以往有些研究只注重传统文化的潜在影响，忽视现代文化的直接影响，本书克服了这种研究偏向。

（3）员工的追随态度与行为是受多种内在与外在因素综合作用影响的，以往追随行为的影响因素研究，有的研究者从领导特征视角，有的从组织特征视角进行单向研究，很少有研究者从个体特征、领导特征、组织特征的综合视角系统探讨员工追随行为发生的前因。本书克服了这种研究不足，从个体特征（传统性人格、主动性人格）、领导特征（授权领导、威权领导）、组织特征（支持性、控制性组织氛围）的研究视角，系统探讨了员工追随行为发生的前因。

四、理论价值

（1）本研究从个体特征、领导特征、组织特征三个层次系统探讨员工追随行为发生前因的成果，对建构完备的追随理论体系、推动本土化追随理论的健全发展具有积极的促进作用。

（2）本研究从追随者与领导者和组织情境交互行为的能动视角，揭示员工追随行为能动性的共性特征和开发量表，可以提高追随理论对组织追随实践中员工多形态追随行为的科学解释，强化追随理论对组织管理实践的实用价值。

（3）揭示本土文化情境中领导者与追随者关系的典型特征和开发量表，探讨在不同质的LMX调节作用下，员工不同追随行为与领导效能的关系，对本土组织中上下级互惠合作关系的建设，强化领导者的凝聚力与追随者的向心力都具有较强的指导价值。

五、实践意义

对于领导层来说，一是本研究系统探讨员工追随行为发生前因的成果，可以帮助业界领导者了解员工的积极追随行为是在什么情境下诱发的，指导领导者选择有利于诱发员工积极追随的领导风格和创构能激励员工追随的组织情境，从而获得员工更多更有效的追随行为来实现组织目标。二是探讨本土领导者与追随者关系的典型特征与测量的成果，为组织中上下级关系建设提供了一个可参考点，有助于业界领导者准确选择和发展与追随者的互惠合作关系。三是发掘了追随者与领导者和组织情境交互行为能动性的共性特征与测量的成果，为业界领导者识别员工的有效追随行为提供了一个参照点，有助于领导者提高指导员工追随技能的水平。

对于员工层来说，本研究探讨追随行为前因的成果，可以帮助业界追随者了解自己的追随行为是在什么情境下发生的；本研究探讨领导者与追随者关系典型特征的成果，可以指导追随者建设和发展与领导者的互惠合作关系；探讨追随者与领导者、组织情境交互行为能动性的共性特征成果，对指导业界员工掌握追随技能、提高与领导互动的效率大有帮助。

六、研究局限

本研究对中国组织情境中员工追随行为能动性的内在要求、领导者与追随者关系典型特征与测量的研究、对员工追随行为差异发生诱因，从个体人格差异、领导风格差异、组织氛围差异三个层面进行追踪探讨，以及对不同质 LMX 调节作用下，员工追随行为对领导效能的差异效应研究，虽然都是按照严格规范基于扎根理论的质化与实证量化操作程序进行，得到的结果与预期接近，但并不表明本书所有研究都无懈可击，它还存在诸多不足的地方，主要反映在以下方面。

（1）研究样本的有限性。由于受时间、人力、人脉资源及经费等条件限制，本书的研究样本基本来源于江西省境内的企事业单位。虽然各项研究内容都是在不同时间段采集不同的研究样本，但很难反映全国各地不同区域文化对研究变量的影响差异，如果能将样本采集面扩大到全国范围，就更能提高研究结论的普适性。

（2）调查方法的单一性。本书各章研究内容的实证分析样本主要是通过问卷调查方式获取评价反馈数据，有一定的被试随意性，加之基层企事业单位领导与员工对追随理论还不够熟悉，难以准确表达他们对问卷问项的主观评价，这势必影响分析样本的真实性。如果在进行问卷调查的同时，增加一些典型案例剖析和实地实验反馈的数据，不仅能强化研究样本的质量，而且能提高研究结果的可靠性水平。

（3）除上述两个方面的研究不足外，还有整体研究设计不够系统的问题，各项研究在操作执行过程中，由于是分段独立设计，所以各项研究目标、构思设计各成体系，融合度不高，虽然在整体内容整合过程进行了一定的完善，但仍有弥补之痕。

七、未来展望

追随理论研究员工与领导互动的组织行为，西方学界对这种互动行为的研究已有近半个世纪的历程，国内学界也有十余年的研究历程。并把研究重心放在两个方面，即追随行为建构领导效能的投入、机制与产出和追随者在无层级组织中的作为。仅以员工积极主动追随行为范式的单层面研究，会在某种程度上制约追随理论研究的深入与拓展。因此，追随理论研究未来的发展方向如下。

1. 完善研究体系

虽然员工积极主动的追随行为是组织追随实践中的主流状态，但不是单一状态。真实组织中员工的追随行为是多态与动态的，只有从多态与动态视角研究员工的差异追随行为，才能提高追随理论对组织追随实践的指导价值。同时，追随行为发生前因及对领导效能的作用是追随理论的完整体系，如果只注重追随行为的作用而忽视追随行为发生的前因研究，很容易导致追随理论研究的畸形发展。因此，未来研究不能停留在积极追随行为这一单层面上，而应不断挖掘研究深度，以员工追随行为发生前因及对后果的作用为整体，以动态和多态追随行为为重心来深化追随理论研究。

2. 拓展研究深度

目前，国内外学界在追随理论研究中，文化认同与追随选择的关系以及不同文化情境下如何实施领导行为与追随行为的有效匹配等命题研究还是一块处女地。员工是否积极表现和如何抉择追随行为，是与其文化认同和价值取向相联系的，只有发掘个体文化认同与其追随抉择的关系，我们才能真正找到导致组织中差异追随行为的根本。在不同的组织情境下，领导行为与员工追随行为如何匹配，才能创造更佳的追随效率和领导效能，是追随理论研究的最终落脚点。这两大重要研究命题目前尚未有研究者涉及，未来研究应致力于此，以填补追随理论研究中的空白。

3. 创新研究方法

目前，国内外学界对追随理论的研究，或多基于扎根理论的质化研究，或基于横截面调查数据的统计分析。横截面调查数据统计分析既有同源误差，又可能存在被试的随意性后果，进而降低了统计数据的可靠性。同时，横截面统计数据只能反映变量之间的相关关系，而不是因果关系。未来研究应多采用实地实验相结合的方式，以提高研究数据的真实可靠性；多采用纵向追踪调查方式采集数据进行统计分析，得出的因果关系结论将更具有可靠性。

参考文献

［1］曹元坤，黄晓波，谭娟．值得关注的管理学前沿：追随问题研究［J］．当代财经，2008（7）：118－123.

［2］曹元坤，许晟．追随力：概念的界定与量表开发［J］．当代财经，2013（3）：64－73.

［3］赵慧军，席燕平．组织体系中的追随研究述评［J］．首都经济贸易大学学报，2014，16（6）：104－108.

［4］陈思，李锡元，陆欣欣．基于调节焦点作用的员工建言行为动机研究［J］．管理学报，2016，13（4）：551－559.

［5］程敏．家长式领导对员工追随和绩效的影响：人际公平的调节作用［D］．浙江大学学位论文，2015.

［6］段锦云，张倩．建言行为的认知影响因素、理论基础及发生机制［J］．心理科学进展，2012，20（1）：115－126.

［7］杜红，王重鸣．领导—成员交换理论的研究与应用展望［J］．浙江大学学报（人文社会科学版），2002，11（6）：73－79.

［8］杜旌．本土文化情境下领导行为对员工变革反应的影响：基于图式理论的动态研究［J］．心理科学进展，2013，21（9）：1531－1541.

[9] 樊景立，郑伯壎．华人组织的家长式领导：一项文化观点的分析［J］．本土心理学研究，2000（13）：127－180.

[10] 弗雷德·E. 菲德勒，约瑟夫·E. 加西亚．领导效能新论［M］．上海：上海三联书店，1989.

[11] 姜定宇，郑伯埙．组织忠诚：本土建构与测量［J］．本土心理学研究，2013（1）：79－90.

[12] 李超平，孟慧，时勘．变革型领导对组织公民行为的影响［J］．心理学报，2006，29（1）：175－177.

[13] 李超平，时勘．变革型的结构与测量［J］．心理学报，2005，37（6）：803－811.

[14] 李浩澜，宋继文，周文杰．中国文化背景下变革型领导对员工追随力的作用机制［J］．中国人力资源开发，2015（15）：47－55.

[15] 李磊，尚玉钒．基于调节焦点理论的领导对下属创造力影响机理研究［J］．南开管理评论，2011，14（5）：4－11.

[16] 李磊，尚玉钒，席酉民．基于调节焦点理论的领导对下属影响机制研究［J］．外国经济与管理，2010，377（7）：49－56.

[17] 李燕萍，涂乙冬．与领导关系好就能获得职业成功吗？——一项调节的中介效应研究［J］．心理学报，2011，43（8）：941－952.

[18] 李燚，魏峰．领导理论的演化和前沿进展［J］．管理学报，2010，7（4）：517－525.

[19] 刘彧彧，丁国林，严肃．沟通开放氛围下领导—成员交换和组织公平感的关系研究［J］．管理学报，2010，7（12）：

1792－1798.

［20］罗文豪．追随研究的历史溯源、现实驱力与未来展望［J］．中国人力资源开发，2015（15）：6－15.

［21］罗文豪．组织成员的追随行为：理论建构与实证研究［D］．中国人民大学学位论文，2015.

［22］逄键涛，温珂．主动性人格对员工创新行为的影响与机制［J］．科研管理，2017（1）：12－20.

［23］任孝鹏，王辉．领导—部属交换（LMX）的回顾与展望［J］．心理科学进展，2005，13（6）：788－797.

［24］盛文楷，肖光荣．下属追随力形成的心理因素及提升之道［J］．领导科学，2016（13）：12－14.

［25］孙彤．组织行为学［M］．北京：高等教育出版社，2000：32.

［26］王端旭，洪雁．组织氛围影响员工创造力的中介机制研究［J］．浙江大学学报（人文社会科学版），2011，41（2）：77－83.

［27］王辉，张文慧．领导—部属交换对授权赋能领导行为的影响［J］．经济管理，2009，31（4）：32－39.

［28］王淑红．领导者的情绪智力与领导有效性的关系研究［M］．武汉：湖北人民出版社，2010.

［29］王顼．追随的内容结构及与绩效的关系研究［D］．浙江大学，2010.

［30］王震，孙健敏．中国组织情境下的领导有效性：对变革型领导、领导—部属交换和破坏型领导的元分析［J］．心理科学进展，2012，2（20）：174－190.

［31］温忠麟，张雷，侯杰泰．有中介的调节变量和有调节的中介变量［J］．心理学报，2006，38（3）：448－452.

［32］吴敏，黄旭，徐玖平，阎洪，时勘．交易型领导、变革型领导与家长式领导行为的比较研究［J］．科研管理，2007，28（3）：168－176.

［33］吴志明，武欣，武艳茹．领导与下属的调节焦点对下属工作绩效的影响作用［J］．科学学与科学技术管理，2013（7）：175－182.

［34］徐行言．中西文化比较［M］．北京：北京大学出版社，2005.

［35］许晟．追随力对领导效能的作用机理研究［M］．北京：经济管理出版社，2014.

［36］许晟，曹元坤．“追随力”三概念探析［J］．江西社会科学，2012（1）：211－216.

［37］许晟，曹元坤，郑燕平．基于LMX调节作用下追随力与领导效能的关系研究［J］．商业研究，2014（1）：121－127.

［38］许晟，熊文光，袁庆妃．不同组织氛围对追随力的影响：员工情绪状态的中介效应［J］．商业研究，2015，461（9）：137－142.

［39］杨国枢．华人心理的本土研究［M］．台北：桂冠图书公司，2002.

［40］姚艳虹，韩树强．组织公平与人格特质对员工创新行为的交互影响研究［J］．管理学报，2013，10（5）：700－707.

［41］尹文嘉．追随力：追随者推动领导变革［J］．领导科学，2010（25）：26－27.

［42］于海波，郑晓明，方利洛，凌文辁．如何领导组织学习：家长式领导与组织学习的关系［J］．科研管理，2008（5）：12－17.

［43］原涛，凌文辁．追随力研究述评与展望［J］．心理科学进展，2010，18（5）：769－780.

［44］芭芭拉·凯勒曼．追随力：追随者们如何创造变革并改变领导者［J］．战伟萍译．公共管理评论，2009（1）．

［45］赵慧军．追随行为的探索性研究［J］．经济与管理研究，2013（4）：106－110.

［46］郑伯埙．差序格局与华人组织行为［J］．本土心理学研究，1995（3）：445－463.

［47］郑伯埙，黄美萍，周丽芳．家长式领导及其效能：华人企业团队的证据［J］．香港华人心理学报，2002，3（1）：85－112.

［48］周浩，龙立荣．恩威并施，以德服人：家长式领导研究述评［J］．心理科学进展，2005，13（2）：227－238.

［49］周浩，龙立荣．上级家长式领导风格影响下属组织公正感的机制［J］．中大管理研究，2008，3（3）：36－56.

［50］周文杰，宋继文，李浩澜．中国情境下追随力的内涵、结构与测量［J］．管理学报，2015，12（3）：355－363.

［51］朱立言．论领导者与追随者［J］．北京科技大学学报（社会科学版），2001（12）：1－6.

［52］朱立言，雷强．论领导者与追随者［J］．北京科技大学学报（社会科学版），2000（4）：1－6.

［53］Adair R. The Art of Followership［M］. Wiley：San

Francisco, 2008.

[54] Alcorn David. Dynamic Followership: Empowerment at Work [J]. Management Quarterly, 1992, (33): 9-13.

[55] Amavile T M, Conti H. Change in the Work Environment for Creativity during Duwnsizing [J]. Academy of Management Journal, 1999, 42 (6): 630-640.

[56] Armstrong M, Baron A. Performance Management [M]. London: The Cromwell Press, 1998.

[57] Avolio B J, B M Bass, D I Jung. Re-examining the Components of Transformational Leadership Using the Multifactor Leadership Questionnaire [J]. Journal of Occupational and Organizational Psychology, 1999 (72): 441-462.

[58] Avoli B J, Walumbwa F O, Weber T J. Leadership: Current Theories, Research, and Future Directions [J]. Annual Review of Psychology, 2009 (60): 421-449.

[59] Baker D S. Followership: The Theoretical Foundation of A Contemporary Construct [J]. Journal of Leadership & Organizational Studies, 2007 (14): 50-60.

[60] Banutu-Gomez M B Great Leaders Teach Exemplary Followership and Serve as Servant Leader [J]. Journal of American Academy of Business, 2004 (3): 143-151.

[61] Barbara Kellerman. Followership: How Followers are Creating Change and Changing Leaders [M]. Boston: Harvard Business Press, 2008.

[62] Baron R M, Kenny D A. The Moderator-mediatior Varia-

ble Distinction in Social Psychological Research: Conceptual, Strategic, and Statistical Considerations [J]. Journal of Personality and Social Psychology, 1986 (51): 1173-1182.

[63] Bass B M, Avolio B J. Multifactor Leadership Questionnaire [M]. CA: Consulting Psychologists Press, 1996.

[64] Bass B M. Leadership beyond Expectations [M]. New York: Free Press, 1985: 3.

[65] Batenman T S, Crant J M. The Proactive Component of Organizational Behavior: A Measure and Correlates [J]. Journal of organizational Behavior, 1993, 14 (2): 103-118.

[66] Bateman T S, Organ D W. Job Satisfaction and the Good Solder: The Relationship between Affect and Employee "Citizenship" [J]. Academy of Management Journal, 1983, 26 (4): 587-595.

[67] Baton K M, Kenny D A. The Moderator - mediator Variable Distinction in Social Psychological Research: Conceptual, Strategic, and Statistical Considerations [J]. Journal of Personality and Social Psychology, 1986 (51): 1173-1182.

[68] Bemadin H J. Performance Appraisal Design, Development and Implementation [M] // G R Ferris, S D Rosen, D T Barnum (Eds.). Handbook of Human Resource Management, Cambridge, MA: Blackwell, 2002.

[69] Benjamin L, Flynn F. Leadership Style and Regulatory Mode: Value from Fit? [J]. Organizational Behavior and Human Decision Processes, 2006 (100): 216-230.

[70] Bennis W G. Managing the Dream: Reflections on Leader-

ship and Change [M]. New York Perseus, 2000.

[71] Bjugstad K, Thach E C, Thompson K J, Morris A. A Fresh Look at Followership: A Model for Matching Followership and Leadership Styles [J]. Journal of Behavioral and Applied Management, 2006 (5): 304 - 319.

[72] Bock G W, Zmud R W, Kim Y G, Lee J N. Behaviroal Intention Formation in Knowledge Sharing: Examining the Roles of Extrinsic Motivators, Social - psychological Forces, and Organizational Climate [J]. MIS Quarterly, 2005, 29 (1): 87 - 111.

[73] Bono J E, Judge T. Self - concordance at Work: Toward Understanding the Motivational Effects of Transformational Leaders [J]. Academy of Management Journal, 2003, 46 (5): 554 - 571.

[74] Borman W C, Motowidlo S J. Expanding the Criterion Domain to Include Elements of Contextual Performance [M]. In N. Schmitt & W. C. Borman (Eds.), Personnel Selection in Organizations. San Francisco: Jossey - Bass, 1993.

[75] Brown A D, W T Thornborrow. Do Organizations Get the Followers They Deserve? [J]. Leadership Organization Developmental, 1996, 1 (17): 5 - 11.

[76] Browne M E, Cudeck R. Alternative Ways of Assessing Model Fit [M]. In K. A. Bollen & J. S. Long (Eds.), Testing Structural Equation Models. Newbury Park, CA: Sage, 1993.

[77] Bruce J A, Fred O W, Todd J W. Leadership: Current Theories, Research, and Future Directions [J]. Annual Review of Psychology, 2009 (60): 421 - 449.

[78] Burns J M. Leadership [M] . NewYork: Harper & Bow, 1978.

[79] Cable D M, judge T A. Person – organization Fit, Job Choice Decisions, and Organizational Entry [J] . Organizational Behavior and Human Decision Processes, 1996, 67 (3): 294 –311.

[80] Campbell D J. The Proactive Employee: Managing Work Place Initiative [J] . Academy of Management Executive , 2000, 14 (3): 52 –66.

[81] Campbell J P, McCloy R A, Oppler S H. A Theory of Performance [M] . In N. Schmitt & W. C. Borman (Eds.), Personnel Selection in Organizations. San Francisco: Jossey – Bass, 1993.

[82] Campbell J P, McHenry J J, Wise L L. Modeling Job Performance in a Population of Jobs [J] . Personnel Psychology, 1990, 43 (2): 313 –333.

[83] Caplan R D. Person – environment Fit Theory and Oranizations: Commensurate Dimensions, Time Perspectives, and Mechanisms [J] . Journal of Vocational Behavior, 1987 (31): 248 –267.

[84] Carson J B. Tesluk P E, Marrone J A. Shared Leadership in Teams: An Investigation of Antecedent Conditions and Performance [J] . Academy of Management Journal, 2007, 50 (5): 1217 –1234.

[85] Carsten M K, Harms P, Uhl – Bien M. Exploring Historical Perspectives of Followership: The Need for an Expanded View of Followers and the Follower Role [M] //L M Lapierre, M K Carsten (Eds) . Followership: What is It and Why Do People? Emerald Group Publishing Limited Bingley, Uniyed Kingdom, 2014: 3 –25.

[86] Carsten M K, Uhl – Bien M. Ethical Followership: An examination of Followership Beliefs and Crimes of Obedience [J] . Journal of Leadership & Organizational Studies, 2013, 20 (1): 45 –57.

[87] Carsten M K, Uhl – Bien M, West B J, Patera J L, McGregor R. Exploring Social Constructs of Followership: A Qualitative Study [J] . The Leadership Quarterly, 2010, 21 (3): 543 –562.

[88] Chaleff Ira. Effective Follower [J] . Executive Excellence, 1995 (3): 3 –9.

[89] Chen Z X, Francesco A M. Employee Demography. Organizational Commitment and Turnover Intentions in China Do Cultural Differences Matter [J] . Human Relations, 2000, 53 (6): 887 –969.

[90] Chris Musselwhite. Why Great Followers Make the Best Leaders [J] . Harvard Management Update, 2006 (11): 3.

[91] Churchill, Gilbert A. A Paradigm for Developing better Measures of Marketing Constructs [J] . Journal of Marketing Research, 1979, 16 (1): 64 –73.

[92] Collinson D. Rethinking Followership: A Poststructuralist Analysis of Follower Identities [J] . The Leadership Quarterly, 2006 (17): 179 –189.

[93] Conger J A, Kanungo R. Charismatic Leadership in Organizations [M] . Thousand Oaks: CA Sage Publications, 1998.

[94] Cooper C, Scandura T A, Schriesheim C A. Looking forward but Learning from Our Past: Potential Challenges to Developing

Authentic Leadership Theory and Authentic Leaders [J]. Leadership Quarterly, 2005 (16): 474 -493.

[95] David Cavell & Vicki Rast. Dynamic Followership: The Prerequisite for Effective Leadership [J]. AirSpace Power Journal, 2007 (18): 102 -110.

[96] Deluga R J, Perry J T. The Role of Subordinate Performance and Ingratiation in Leader - member Exchanges [J]. Group & Organization Management, 1994 (19): 67 -86.

[97] Denison. What Is the Difference between Organizational Culture and Organizational Climate? A Native' s Point of View on a Decade of Paradigm Wars [J]. Academy of Management Review, 1996, 21 (3): 629 -654.

[98] DePree M. Leadership is an Art [M]. New York, NY: Dell Publishing, 1992.

[99] DeRue D S, Ashford S J. Who Will Lead and Will Follow? Asocial Process of Leadership Identity Construction in Organizations [J]. Academy of Management Review, 2010, 35 (4): 627 -647.

[100] Dienesch R M, Liden R C. Leader - member Exchange Model of Leadership: A Critique and Further Development [J]. Academy of Management Review, 1986 (11): 618 -634.

[101] Dixon G, Westbrook J. Followers Revealed [J]. Engineering Management Journal, 2003 (15): 19 -25.

[102] Douglas Fairfield. Empowered Followership [J]. Marine Corps Gazette, 2007 (91): 79 -86.

[103] Dvir T, Eden D, Avolio B J, Shamir B. Impact of Trans-

formational Leadership on Follower Development and Performance: A Field Experiment [J] . Academy of Management, Journal, 2002, 45 (4): 735 -744.

[104] Eddie Buchanan. Can There Be Leadership without Followership? [J] . Fire Engineering, 2007 (3): 105 -109.

[105] Edwards J R. Alternatives to Differences Scores as Dependent Variables in the Study of Congruence in Organizational Research [J] . Organizational Behavior and Human Decision Processes, 1995 (56): 307 -324.

[106] Ehrhart M G, Klein K J. Predicting Followers' Preferences for Charismatic Leadership: The Influence of Follower Values and Personality [J] . The Leadership Quarterly, 2001 (12): 153 -179.

[107] Erdogan B, Kraimer M L, Liden R C. Work Value Congruence and Intrinsic Career success: The Compensatory Roles of Leader - member Exchange and Perceived Organizational Support [J] . Personnel Psychology, 2004, 57 (2): 305 -332.

[108] Farh J L, Earley P C, Lin S C. Impetus for Action: A Cultural Analysis of Justice and Organizational Citizenship Behavior in Chinese Society [J] . Administrative Quarterly, 1994 (2): 13 - 17.

[109] Farh J L, Hackett R D, Liang J. Individual - level Cultural Values as Moderators of Perceived Organizational Support - employee Outcome Relationships in China Comparing the Effects of Power Distance and Traditionality [J] . Academy of Management Journal, 2007 (50): 715 -729.

[110] Farh J L, Zhong C B, Organ D W. Organizational Citizenship Behavior in the People' s Republic of China [J] . Organization Science, 2004, 6 (1/2): 49 -72.

[111] Fei X T. From the Soil: The Foundations of Chinese Society [M] . Berkeley CA University of California Press, 1992.

[112] Fornell, David. Evaluating Structural Equation Models with Unobservable and Measurment Errors [J] . Journal of Marketing Research, 1981 (18): 39 -50.

[113] Gardner WL et al. Can You See the Real Me? A Self - based Model of Authentic Leader and Follower Development [J] . Leadership quarterly, 2005, 16 (3): 43 -72.

[114] Gerstner C R, Day D V. Meta - analytic Review of Leader - member Exchange Theory: Correlates and Consruct Issues [J] . Journal of organizational Behavior, 1997, 82 (6): 827 - 844.

[115] Gilbert G R, Albert C H. Followership and the Federal Worker [J] . Pubic Administration Review, 1988, 48 (6): 962 - 968.

[116] Gilbert J, Matviuk S. The Symbiotic Nature of the Leader - Follower Relationship and Its Impact on Organizational Effectiveness [J] . Academic Leadership, 2008, 6 (4): Retrieved June 20, 2012. http: //www. academicleadership. org/empirical_ research/The_ Symbiotic_ Nature_ of_ Leader - Follower_ relationship_ and_ Its_ Impact_ on_ Organizational_ Effectiveness. shtml.

[117] Graen G B, Cashman G J A. Role - making, Model of

Leadership in Formal Organizations: A Developmental Approach [M] . Kent State University Press, 1975.

[118] Graen G B. Moderating Effects of Initial Leader – member Exchange Status on the Effects of a Leadership Intervention [J] . Journal of Applied Psychology, 1984 (69): 428 –436.

[119] Graen G B, Scandura T. Toward a Psychology of Dyadic Organizing [M] //Cumming L, Staw B ed. Research in Organizational Behavior . Greenwich: JAI Press, 1987 (9): 175 –208.

[120] Graen G B, Uhl – Bien, M. Relationship – based Approach to Leadership: Development of Leader – Member Exchange (LMX) Theory of Leadership Over 25 Years: Applying a Multi – Level – Multi – Domain Perspective [J] . Leadership Quarly, 1995 (6): 219 –247.

[121] Goldber L R. From Ace to Zombie: Some Explorations in the Language of Personality [J] . Advances in Personality Assessment, 1990, 1 (3): 203 –234.

[122] Hersey P, Blanchard K H. Life Cycle Theory of Leadership [J] . Training & Development Journal, 1969, 23 (5): 26 –34.

[123] Higgins E T. Beyond Pleasure and Pain American Psychologist [J] . 1997, 52 (12): 1280 –1300.

[124] Higgins E T. How Self – regulation Creates Distinct Values: The Case of Promotion and Prevention Decision Making [J] . Journal of Consumer Psychology, 2002 (12): 177 –191.

[125] Higgins E T. Making a Good Decision: Value from Fit

[J] . American Psychologist, 2000 (55): 1217 -1230.

[126] Hinkin Timothy R. A Review of Scale Development Practices in the Study of Organizations [J] . Journal of Manangement, 1995, 21 (5): 967 -988.

[127] Hinkin Tmothy R. A Brief Tutorial on the Development of Measure for Use in Survey Questionnaires [J] . Organizational Research Methods, 1988, 1 (1): 104 -121.

[128] Hollander Endinwin P. The Essential Interdependence of Leadership and Followership [J] . American Psychological Society, 1992, 1 (2): 71 -75.

[129] Hollander E P. Leadership, Followership, Self and Others [J] . The Leadership Quarterly, 1992 (3): 43 -54.

[130] Howell, Shamir. A Quantitative Review of the Relationship between Person - Organization Fit and Behavioral Outcomes [J] . Journal of Vocational Behavior, 2005 (68): 389 -399.

[131] Hui C, Cynthia L, Denise M R. Employment Relationships in China: Do Workers Relate to the Organization or to People [J] . Organization Science, 2004, 15 (2): 232 -241.

[132] Hui Chun, Kenneth S L, Chen Zhen - Xiong. A Structural Equation Model of the Effect of Negative Affectivity, Leader - member Exchange, and Perceived Job Mobility on In - role and Extra - role Performance: A Chinese Case [J] . Organizational Behavior and Human Decision Processes, 1999, 77 (1): 3 -21.

[133] Hunt J. G. What is Leadership [J] //The Nature of Leadership, 2004 (3): 19 -47//Chinese caseOrganizational Behav-

ior and Human Decision Processes, 1999, 77 (1): 3 –21.

[134] Ira Challef. Effective Followership [J] . Executive Excellence, 1995 (13): 3 –4.

[135] Ira Challef. The Courageous Follower: Standing Up To and For Our Leaders [M] . San Francisco: Berrett – Koehler Publishers, 2004.

[136] Ira Challef. The Leader – Follower Partnership: It's a New Day [EB/OL] . http: //www. exe – coach. com //followerpatnership. html, 2003, Retriveved June, 2012.

[137] James K A, Demaee, Wolf K. A Field Study of Group Diversity, Workgroup Context, and Performance [J] . Journal of Organizational Behavior, 1984 (15): 203 –229.

[138] Jehn K A, Bezrukova K. A Field Study of Group Diversity, Workgroup Context, and Performance [J] . Journal of Organizational Behavior, 2003 (25): 703 –729.

[139] Joshua Frye, Lorraine G Kisselburgh, David Butts. Embracing Spiritual Followership [J] . Communication Studies, 2007 (58): 243 –260.

[140] Judge T A, Piccolo R. Transformational and Transactional Leadership: A Meta – analytic Test of Their Relative Validity [J] . Journal of Applied Psychology, 2004 (89): 755 –768.

[141] J Zhou, J M George. When Job Dissatisfaction Leads to Creativity: Encouraging the Expression of Voice [J] . Academy of Management Journal, 2001, 44 (4): 682 –696.

[142] Katz D, Kahn R L. The Social Psychology of Organiza-

tion (2ed.) [M] . New York: Wiley, 1978.

[143] Kellerman Barbara. Followership: How Followers are Creating Change and Changing Leaders [M] . Boston: Haward Business Presss, 2008.

[144] Kelly R E. In Praise of Follower [J] . Harvard Business Review, 1988, 6 (66): 142 -148.

[145] Kelley R E. The Power of Followership: How to Create Leader People Want to Follow and Followers Who Lead Themselves [M] . New York: Doubleday, 1992.

[146] Kenneth Cole, Anne Daly, Anita Mak. Good for the Soul: The Relationship between Work. Wellbeing and Psychological Capital [J] . The Journal of Socio - Economics, 2009 (38): 464 - 474.

[147] Kristof - Brown A. Peson - organization Fit An Integrative Review of its Conceptualizations Measuremnet and Implications [J] . Personnel Psychology, 1996 (49): 1 -28.

[148] Kristof - Brown A, Zimmerman R, Johnson E. Consequences of Individuals Fit at Work: A Meta - analysis of Person - job, Person - organization, Person - group, and Person - supervisor Fit [J] . Personnel Psychology, 2005 (58): 281 -342.

[149] Küpers W. Perspective on Integrating Leadership and Followership [J] . International Journal of Leadership Studies, 2007 (2): 194 -221.

[150] Lam W Huang X Snape E. Feedhack - seeking Behavior and Leader - Member Exchange Do Supervisor - attributed Motives

Matter? [J] . Academy of Management Journal, 2007, 50 (2): 348 -363.

[151] Lauver K J, Kristof A L. Distinguishing between Employee' s Perceptions of Person - Job and Person - Organization Fit [J] . Journal of Vocational Behavior, 2001 (59): 454 -470.

[152] Levontin I K, Huger A, Van DIJK D. Goal - orienlation Theory and Regulatory Foetis Theory: The "Conflieling" Effects of Feedback - sign [R] . Working Paper Hebrew University of Jerusalemo, 2004.

[153] Lewin K. The Conceptual Reprentation and the Measurement of Psychological Forces [M] . NC: Duke University Press, 1938.

[154] Liao H, Joshi A, A Chuang. Sticking out Like a Sore Thumb: Employee Dissimilarity and Deviance at Work [J] . Personnel Psychology, 2004 (3): 6 -15.

[155] Liden R C, Maslyn J M. Multidimensionality of Leader - Member Exchange: An Empirical Assessment through Scale Development [J] . Journal of Management, 1998 (24): 43 -72.

[156] Liden R C, Sparrowe R, Wayne S. Leader - member Exchange Theory: The Past and Potential for the Future [J] . Research in Personnel and Human Resource Management, 1997, 15 (1): 47 -119.

[157] Liden R C, Wayne S J, Sparrowe T. An Examination of the Mediating Role of Ppsychological Empowerment on the Relations between the Job, Interpersonal Relationship and Work Outcomes

[J] . Journal of Applied Psychology, 2000 (85): 407 -416.

[158] Lowe K B, Kroeck K G, Sivasubramaniam N. Effectiveness Correlates of Transformational and Transactional Leadership: A Meta - analytic Review of the MLQ Literature [J] . Leadership Quarterly, 1996 (7): 385 -425.

[159] Lundin Stephen, Lancaster Lynne. The Importance of Followership [J] . The Futurist, 1990 (3): 41 -58.

[160] Martin R. Followership: The Natural Complement to Leadership [J] . FBI Law Enforcement Bulletin, 2007 (7): 8 -11.

[161] Mayfield J, Mayfield M. Increasing Worker Outcomes by Improving Leader Follower Relations [J] . The Journal of Leadership Studies, 1998, 5 (1): 72 -81.

[162] Meilinger. The Ten Rules of Good Followership [J] . Leadership Link, 1994 (6): 3 -4.

[163] Meindl J R. The Romance of Leadership as a Follower - centric Theory: A Social Construnctionist Approach [J] . The Leadership Quarterly, 1995 (6): 329 -341.

[164] Meyer J P, Allen N J. A Three Components Conceptualization of Organizatioanl Commitment [J] . Human Resource Management Review, 1991, 1 (1): 61 -89.

[165] Michelle L. Verquer, Terry, A. Beehr & Stephen, H. Wagner. Ameta - analysis of Relations between Person - organization Fit and Work Attitudes [J] . Journal of Vocational Behavior, 2003 (63): 473 -489.

[166] Miller M. Transformational Leadership and Mutuality

[J] . Transformation, 2007 (24): 180 - 192.

[167] Miller R L, Butter J, Cosentino C J. Followership Effectiveness: An Extension of Fiedler's Contingency Model [J] . Leadership & Organization Development Journal, 2004 (25): 362 - 368.

[168] Motowidlo J S. Job Performance [J] . Journal of Vocational Behavior, 2003, 79 (4): 475 - 480.

[169] Moto Widlo J S. Van Scoitter. J. R. Evidence that Task Performance Should be Distinguish form Eon Textual Performance [J] . Journal of Applied Psychology, 1994 (79): 475 - 780.

[170] Mueller B H, Lee J. Leader - member Exchange and Organizational Communication Satisfaction in Multiple Contexts [J] . The Journal of Business Communication, 2002, 39 (2): 220 - 244.

[171] Murphy K R. Dimensions of Job Performance [M] . New York: Prager, 1989.

[172] Neubert M J, kacmar K M, Carlson D S. Regulatory Focus as a Mediator of the Influence of Initiating Structure and Servant Leadership on Employee Behavior [J] . Journal of Applied Psychology 2008, 93 (6): 1220 - 1233.

[173] Organ D W. Organizational Citizenship Behavior: It's Construct Clean - up Time [J] . Human Performance, 1997, 10 (2): 85 - 97.

[174] Organ D W. Organizational Citizenship Behavior: The "Good Soldier" Syndrome [M] . Lexington, MA: Lexington Books, 1988.

[175] Padillan A, Hogan R, Kaiser R B. The Toxic Triangle:

Destructive Leaders, Susceptible Followers, and Conducive Environment [J] . The Leadership Quarterly, 2007 (18): 176 – 194.

[176] Pastor J C, Mayo M, Shamir B. Adding Fuel to Fire: The Impact of Followers' Arousal on Ratings of Charisma [J] . Journal of Applied Psychology, 2007 (92): 1584 – 1596.

[177] Peter F Drueker. The Effective Executive [M] . UK: Harper Collins – books, 1966.

[178] Phillip Meilinger. The Ten Rules of Good Followership [J] . Leadership Link, 1994 (6): 3 – 4.

[179] Pittman T S, William E R, Earl H P. Followers as Partner: Taking the Initiative for Action [R] //William E. Rosenbach and Robert L. Taylor. Contemporary Issues in Leadership, Boulder, CO: Westview Press, 1988: 107 – 120.

[180] Podsakoff P M, MacKenzie S B. Organizational Citizenship Behaviors: A Critical Review of The Theoretical and Empirical Literature and Suggestions for Future Research [J] . Journal of Management, 2000 (3): 513 – 563.

[181] Rob Goffee & Gareth Jones. The Art of Followership [J] . European Business Forum, 2006 (25): 22 – 26.

[182] Robert Sevier. Follow the Leader [R] . USA: Research and Marketing Stamatas Communica tions, 1999.

[183] Ronald Fpiccold, Jason. Dimensions of Transformational Leadership: Conceptual and Empirical Extensions [J] . The Leadership Quarterly, 2004 (15): 329 – 354.

[184] Rosenau J. Followership and Discretion Assessing the Dy-

namics of Modern Leadership [J] . Harvard International Review, 2004 (26): 14 -17.

[185] Ryan J, Landino. Followership: A Literature Review of a Rising Power beyond Leadership [D] . England: De Montfort University, 2006.

[186] Scandura TA. Rethinking Leader - member Exchange: An Organizational Justice Perspective [J] . Leadership Quarterly, 1999, 10 (1): 25 -40.

[187] Schneider B. The People Make the Place [J] . Personnel Psychology, 1987 (40): 437 -453.

[188] Schriesheim C A, Neider L L, Scandura T A. Delegation and Leader - member Exchange: Main Effects, Moderators, and Measurement Issues [J] . The Academy of Management Journal, 1998, 41 (3): 298 -318.

[189] Shamir B, House R J, Arthur M B. The Motivational Effects of Charismatic Leadership: A Self - concept Based Theory [J] . Organization Science, 1993, 4 (4): 577 -594.

[190] Shamir B, Howell J M. Organizational and Contextual Influences on the Emergence and Effectiveness of Charismatic Leadership [J] . The Leadership Quarterly, 1999 (10): 257 -283.

[191] Shamir B, Lapidot Y. Trust in Organizational Superiors: Systemic and Collective Considerations [J] . Organization Studie, 2003 (24): 463 -491.

[192] Shamir B, Pillai R, Bligh M C, Uhl - Bien M. Follower - centered Perspectives on Leadership: A Tribute to the Mem-

ory of James R. Meindl [M] . Greenwich: Information Age Publishing, 2007.

[193] Sonnentag S, Frese M. Performance Concepts and Performance Theory [M] //S Sonnentag (Eds.) . Psychological Management of Individual Performance. Hoboken, NJ: John Wiley & Sons, Ltd, 2002.

[194] Sparrowe R T, Liden R C. Two Routes to Influence: Integrating Leader – member Exchange and Social Network Perspectives [J] . Administrative Science Quarterly, 2005, 50 (4): 505 – 535.

[195] Spreitzer G M. Psychological Empowerment in the Workplace: Dimensions, Measurement, and Validation [J] . Academy of Management Journal, 1995, 38 (5): 1442 – 1465.

[196] Stech A J. Basics of Qualitative Research: Grounded Theory Procedures and Techniques [M] . Newburry Park: Stage, 2002.

[197] Steger A J, Manners J, George E, Zimmerer W T. Following the Leader: How to Link Management Style to Subordinate Personalities [J] . Management Review, 1982 (71): 22 – 31.

[198] Stringer A, Robert. Leadership and Organizational Climate: The Clouod Chamber Effect [M] . Upper Saddle River, NJ: Prentice Hall, 2002.

[199] Tagiuri R. The Concept of Organizational Climate. In: Tagiuri R, Litwin G Hed. Organizational Climate: Exploration of a Concept [M] . Boston: Harvard University Press, 1968.

[200] Tett R P, Burnett D D. A Personality Trait – based Interactions Model of Job Performance [J] . Journal of Applied Psychology, 2003 (88): 500 –517.

[201] Thomas K W, Velthouse B A. Cognitive Elements of Empowerment: An " Interpretive" Model of Intrinsic Task Motivation [J] . Academy of Management Review, 1990, 15 (4): 666 –681.

[202] T M Amabile, H Conti. Change in the Work Environment for Creativity during Downsizing [J] . Academy of Management Journal, 1999, 42 (6): 630 –640.

[203] Tsui A S, Ashford S J, Clair L, Xin K R. Dealing with Discrepant Expectations: Respone Strategies and Managerial Effectiveness [J] . Academy of Management Journal, 1995 (38): 1515 – 1543.

[204] Uhl – Bien M, Marion R, McKelvey B. Complexity Leadership Theory: Shifting Leadership from the industrial Age to the Knowledge Era [J] . The Leadership Quarterly, 2007, 18 (4): 298 –318.

[205] Uhl – Bien M, Riggio R E, Lowe K. B, Carsten M K. Followership Theory: A Review and Research Agenda [J] . The Leadership Quarterly, 2014, 25 (1): 83 –104.

[206] Van Dljk, Kluger. An: Feed Hack Sign Effect on Motivation is It Moderated by Regulatory Focus [J] . Applied Psychology: An International Review, 2004, 53 (1): 113 –135.

[207] Vugt M V. Evolutionary Origins of Leadership and Followership [J] . Personality and Social Psychology Review, 2006 (10): 354 –371.

［208］ Vugt M V，Hogan R，Kaiser R B. Leadership，Followership，and Evolution：Some Lessons from the Past ［J］ . American Psychologist，2008 （63）：183 –196.

［209］ Wallace C，Chen G，Kanfer R. Development and Validation of a Work – specifies Measure of Regulatory Focus ［C］ . California Paper Presented at the 20th Annual Conference of the Society for Industrial/Organizational Psychology ，2005.

［210］ Watson D，Wiese D Vaidya J，Tellegen A. The Two General Aclivation Systems of Affect：Structural Findings Evoluevery Consideration and Psychological Evidence ［J］ . Journal of Personality and Sochology，1999，75 （5）：820 –838.

［211］ Wayne S J，Ferris G R. Influence Tactics，Affect，and Exchange Quality in supervisor – subordinate Interactions：A Laboratory Experiment an Field Study ［J］ . Journal of Applied Psychology，1990 （75）：487 –499.

［212］ Willem V，Marco V，Marco H. Exploring the Conceptual Expansion within the Field of Organizationnal Berwiour：Organizational Climate and Organizational Culture ［J］ . Jounal of Management Studies，1998 （35）：67 –79.

［213］ Williams L J，Anderson S E. Job Satisfaction and Organizational Commitment as Predictors of Organizational Citizenship and In – Role Behaviors ［J］ . Journal of Management，1991 （17）：601 –617.

［214］ Zaleznik A. The Dynamics of Subordinacy ［J］ . Harvard Business Review，2007，（1） 119 –131.

[215] Zhou George J M. When Job Dissatisfaction Leads to Creativity: Encouraging the Expression of Voice [J] . Academy of Management Journal, 2001, 44 (4): 682 -696.

后 记

时间匆匆，距上一部拙作《追随力对领导效能的作用机理研究》公开出版发行已4年有余。这4年中，除相关职业教育学命题研究外，我把很多精力投入了教育部社会人文科学课题《中国组织情境中员工追随行为诱因的追踪研究》之中。追随行为发生的前因及对后果变量的作用，是追随理论研究的完整体系。如果只注重追随行为对领导效能的作用而忽视其发生前因的研究，就会导致追随理论研究的畸形发展，所以我把追随行为发生的前因作为一个系统进行专题研究。在研究进程中，及时得到我国著名管理学大师赵曙明教授的悉心指导，使我受益良多。我的博士生导师曹元坤教授一如既往地关注此项研究，如参与整体研究策划，为研究难题解疑释惑等。中国财经大学王震博士以及我的同门师兄弟占小军博士、祝振兵博士等都对本研究给予了很好的意见与建议。同时，业界的戴龙伟总经理、肖中华厂长、周华辉总经理等数十名实业家，给本研究提供了追踪调查与现场考察的许多便利。正是在许多学界前辈、同仁及业界朋友的大力支持与帮助下，我的第二部拙作才得以完成。在此，衷心地向所有支持和帮助我完成此项专题研究的学界前辈、同仁及业界朋友致以诚挚的谢意。

追随理论挑战了领导主宰组织生存与发展命运的传统观念，转换了以往只注重领导理论研究的单向视角。因为该理论顺应了组织在动态发展环境中对上下级互惠合作关系建设的内在要求，高扬了追随者在一线灵活应对竞争变化挑战的灵活性、创造性，强调了领导者的凝聚力与追随者向心力交互作用的重要性，对组织的生存与发展具有极为重要的现实意义，所以该理论一经推出，便很快进入了当代管理学的研究前沿。

在对该项目的研究进程中，我常被追随理论丰富的内涵和动态复杂的人际哲理吸引。同时，受江南无线通信公司、洪都集团摩托车公司、永修邮政局等数十家企业领导邀请，我为这些企业的管理层、员工层分别进行了“领导如何赢得员工追随”“如何做一个优秀追随者”的专题讲座，看到业界人士对追随理论如此关注和重视，我进一步加深了对追随理论实用价值的认识，也激发了我深入探讨追随理论的浓厚兴趣。目前，国内外学界对追随理论的研究，主要是以员工积极主动的追随行为为范式来展开，这种研究具有单一性，很难解释真实组织中员工多形态的追随行为，以及不同性质的追随行为是如何发生的，及对领导效能不同的影响。我的两部拙作也都是以员工积极主动的追随行为为范式。为了克服以往研究的单一性，我拟在该课题结题和本部拙作出版发行后，再将精力投入到对组织员工多形态的追随行为研究中。我已于2016年申报和成功立项国家自然科学基金项目“调节焦点视角员工差异追随行为：前因与后果的影响机制”，并将深入探讨“企业文化建设和追随力与领导力的相互匹配”等命题，力争在追随理论研究中有所作为、有所贡献。

许 晟

2018年5月8日于江西农业大学玉兰苑